WIR SCHÜTZEN unseren PLANETEN

WIR SCHÜTZEN unseren PLANETEN

So wirst du zum Umwelt-Helden: zu Hause und auf der ganzen Welt

mvgverlag

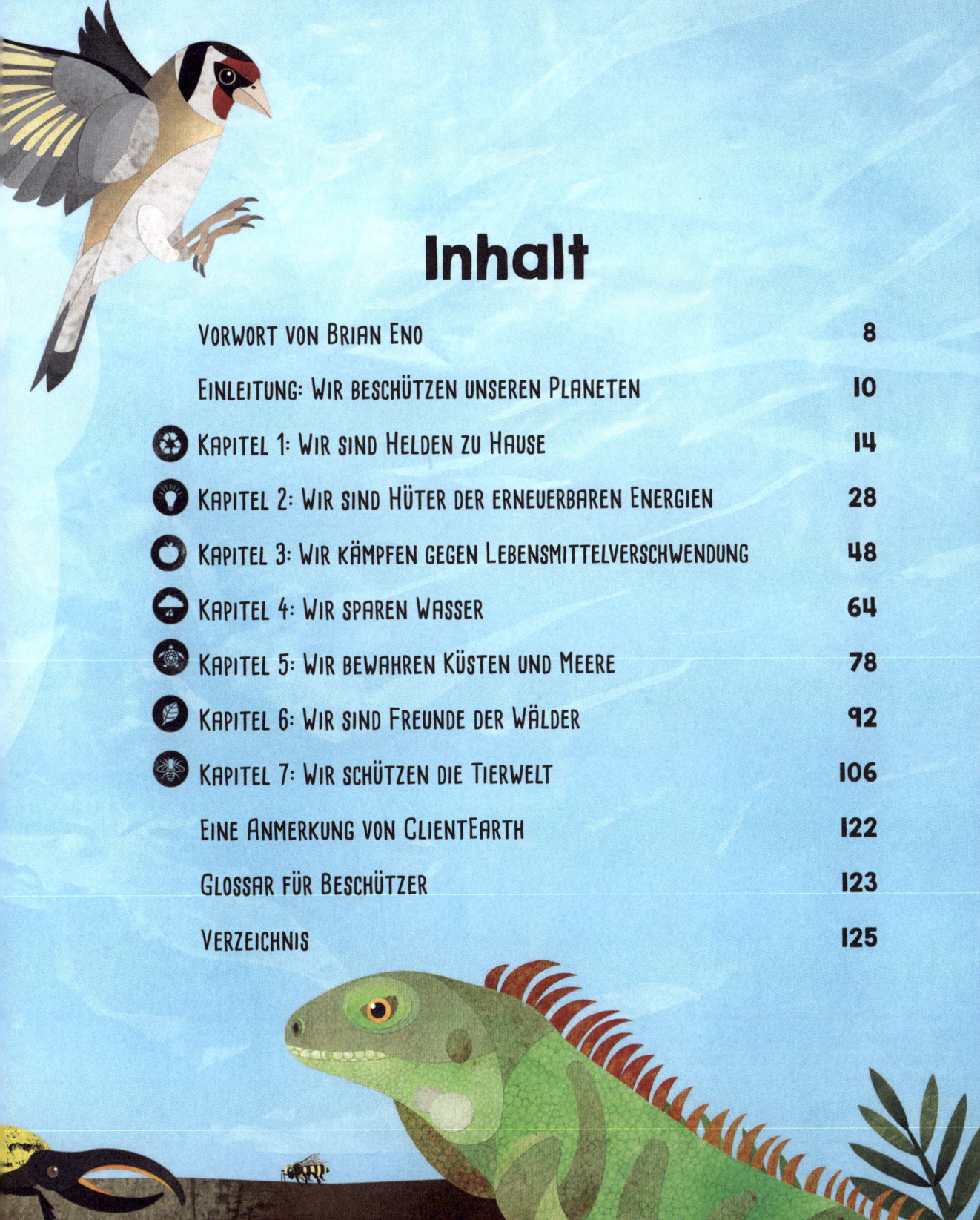

Inhalt

Vorwort von Brian Eno

Wissenschaftler schätzen heute, dass es im Universum mindestens 20 Sextillionen (20.000.000.000.000.000.000.000.000.000.000.000.000.000.000) Planeten geben könnte. Doch obwohl der Mensch seit Jahrhunderten den Himmel genau beobachtet, scheint es im unvorstellbar großen Universum allein auf unserer Erde, diesem besonderen Planeten, tatsächlich Leben zu geben. All die uns bekannte schillernde Vielfalt – von Amöben bis Antilopen, von Zorillas bis Zebras – gibt es anscheinend nur auf unserer Erde.

Aber die letzten Jahre waren schwierig für unseren Planeten. Wie ihr wisst, schwimmen Berge an Plastikmüll in den Ozeanen, die Luftverschmutzung nimmt zu, und jeden Tag sterben Arten aus. Weltweit verändert der Klimawandel ganze Lebensräume und damit das Leben selbst.

Manchmal scheint die Katastrophe unausweichlich, doch es gibt auch Erfreuliches: Großartige Menschen erheben ihre Stimme und ergreifen die Initiative, um unsere wunderbare Erde zu retten, und Millionen von Bürgern aller Altersgruppen investieren heute Energie und Zeit, um die Krise zu bewältigen.

Eine der effektivsten Gruppen dabei ist die Hilfsorganisation ClientEarth, ein Zusammenschluss von Anwälten, Wissenschaftlern, Forschern und anderen, die für den Planeten einstehen. Ich selbst bin seit mehr als zehn Jahren mit ClientEarth verbunden und habe direkt erleben dürfen, wie sie die Macht des Gesetzes einsetzen, um dauerhaft etwas zu bewirken.

Die Macht des Gesetzes zu nutzen bedeutet z.B., Regierungen bei der Ausarbeitung von Gesetzen zu unterstützen, die eine bessere Landnutzung, Abfallentsorgung und Energieerzeugung fördern. Es bedeutet auch, bestehende Gesetze durchzusetzen – oft, indem man Regierungen oder andere Organisationen, die sich unverantwortlich verhalten, vor Gericht bringt. Von der Bekämpfung der Luftverschmutzung bis zum Schutz von Wäldern, Meeren und Wildtieren ist das Gesetz ein wirkungsvolles Mittel im Kampf für den Schutz unserer Umwelt. Ihr könnt euch die Menschen, die bei Client-Earth arbeiten, als die Beschützer der Rechte unseres Planeten vorstellen. Und jetzt könnt ihr beim Lesen dieses Buch auch zu Beschützern werden.

Der Schutz unseres Planeten klingt nach einer riesigen Aufgabe, aber gemeinsam können wir etwas erreichen. Wenn ihr euch mit anderen Beschützern zusammenschließt – an der Schule, mit Freunden und in der Familie oder durch die Vernetzung mit Gruppen auf der ganzen Welt –, könnt ihr an vielen Stellen etwas bewirken.

Die Zukunft des Planeten liegt in unseren Händen. Mit nur einigen Maßnahmen, die in diesem Buch beschrieben werden, tragt ihr schon zu einer besseren Welt für alle bei, jetzt und in Zukunft. Ich freue mich riesig darauf, mich mit euch, liebe Mitbeschützer, dafür einzusetzen, unsere wunderbare Tierwelt zu schützen, die Luft zu säubern und die Veränderungen vorzunehmen, die dafür sorgen werden, dass unser Planet und all die unglaublichen Lebensformen auf ihm gedeihen können.

EINLEITUNG:
WIR BESCHÜTZEN UNSEREN PLANETEN

Die Erde existiert seit über 4.500 Millionen Jahren. Obwohl sie von Asteroiden bombardiert und von Dinosauriern zertrampelt wurde sowie komplett von Eiszeiten eingefroren war, hat sie überlebt und gedeiht. Aber jetzt ist sie in Schwierigkeiten, und sie braucht DRINGEND Beschützer an ihrer Seite.

Dieses Buch ist vollgepackt mit Tipps und Projekten, die unseren Planeten grüner, sicherer und nachhaltiger gestalten. Ein Mensch allein kann den Planeten nicht retten. Aber es gibt jede Menge, was ihr zu Hause, in der Schule und in eurer Nachbarschaft tun könnt, womit ihr einen RIESIGEN Beitrag leisten könnt.

Wenn ihr auf der letzten Seite gelandet seid, habt ihr euch alle Fähigkeiten und Kenntnisse eines vollwertigen Beschützers des Planeten angeeignet. Tragt die Botschaft weiter und ermutigt eure Familie, Freunde, Nachbarn und Klassenkameraden mitzumachen. Zusammen können wir wirklich etwas bewirken und dieser unglaublichen Welt, die wir unser Zuhause nennen, helfen.

WIR SCHÜTZEN DIE TIERWELT

Laut einem Bericht der Vereinten Nationen aus dem Jahr 2019 sind eine Million Tier- und Pflanzenarten durch den Verlust von Lebensräumen, den Klimawandel und die Umweltverschmutzung vom Aussterben bedroht.

WIR SIND FREUNDE DER WÄLDER

Seit 1990 sind über 1.300.000 Quadratkilometer Wald verbrannt oder abgeholzt worden – eine Fläche, die größer ist als Südafrika.

WIR SIND HELDEN ZU HAUSE

Die Menschen leben verschwenderisch. Allein in Deutschland werden jedes Jahr über 18 Millionen Tonnen Müll produziert – so viel wiegen ungefähr 120.000 Einfamilienhäuser.

WIR SIND HÜTER DER ERNEUERBAREN ENERGIEN

Der Klimawandel erwärmt die Erde, und die Eiskappen schmelzen. Die NASA schätzt, dass so jedes Jahr 219 Milliarden Tonnen Eis verloren gehen.

WARUM BRAUCHT DER PLANET UNSERE HILFE?

Einige schreckliche Dinge, die auf unserem Planeten geschehen, von großen Erdbeben bis zu ausbrechenden Vulkanen, haben einen natürlichen Ursprung. Aber viele Probleme entstehen durch eine wachsende Weltbevölkerung, und die Erde hat damit zu kämpfen. Hier sind die sieben Schlüsselbereiche, die in diesem Buch untersucht werden und die alle ein Eingreifen durch euch Beschützer erfordern:

WIR KÄMPFEN GEGEN LEBENS-MITTELVER-SCHWENDUNG

Die steigende Nachfrage nach Nahrungsmitteln bedroht Kreisläufe in der Natur. Millionen Quadratkilometer wilder Lebensräume sind bereits verloren gegangen.

WIR SPAREN WASSER

Fast zwei von neun Menschen haben keinen Zugang zu sauberem Wasser. Durch verschmutztes Trinkwasser sterben jährlich über 500.000 Menschen.

WIR BEWAHREN KÜSTEN UND MEERE

Unsere Ozeane sind durch Verschmutzung bedroht. Allein der Plastikmüll tötet jedes Jahr über 1 Million Seevögel und 100.000 Meeressäugetiere.

MITEINANDER VERBUNDEN

Alles auf unserer Erde ist miteinander verbunden. Damit hat alles, was ihr zu Hause und in eurer Nachbarschaft tut, Auswirkungen auf den Planeten. Bevor ihr also mit der Rettung der Welt loslegt, geht es darum, zu verstehen, wie das Leben auf der Erde auf vielfältige Weise miteinander verbunden ist und wie unser Handeln im Guten wie im Schlechten dieses empfindliche System beeinflusst.

SCHÄDEN AUS DER FERNE

Das Leben auf der Erde beruht auf natürlichen Kreisläufen und Systemen. Wasser z.B. verdunstet in die Luft und wird von Luftströmungen an andere Orte getragen, wo es als Regen oder Schnee herabfällt. Wenn sich das Wasser mit schädlichen Substanzen vermischt, kann saurer Regen fallen und so eine Umgebung schädigen, die weit von dem Ort entfernt liegt, an dem die ursprüngliche Verschmutzung stattgefunden hat.

Flüsse münden auch in das weltweite Netzwerk der Ozeane. Das bedeutet, dass Dinge, die an einem Ort weggeworfen wurden, oft sehr weit davon entfernt landen. 2017 fanden Wissenschaftler sogar in den entlegenen Gewässern des Arktischen Ozeans Styroporstücke.

Der Begriff »Ökosystem« bezeichnet eine Gemeinschaft von verschiedenen Lebewesen und ihren Lebensraum.

Die Wissenschaft der Ökologie untersucht, wie Lebewesen und ihre Umwelt miteinander verbunden sind.

HANDELSPLÄTZE

Früher waren Menschen auf Güter angewiesen, die in der Nähe ihres Wohnortes hergestellt und erwirtschaftet wurden. Heute werden Milliarden von Produkten rund um die Welt transportiert. Da sich die menschliche Bevölkerung in den letzten 70 Jahren mehr als verdreifacht hat, ist die Nachfrage nach Nahrungsmitteln, Materialien und Produkten in die Höhe geschossen. Die Nachfrage in einer Gegend kann ganz woanders enorme Auswirkungen auf die Umwelt haben. Wenn z.B. Menschen in Europa große Mengen an Papier verbrauchen, bedeutet dieser Mehrbedarf, dass Bäume in anderen Teilen der Welt, zum Beispiel im Amazonas-Regenwald, gefällt werden und Lebensräume verloren gehen.

Sekundärer Verbraucher

NAHRUNGSNETZE

Lebewesen sind durch ihre Beziehungen innerhalb ihres Ökosystems miteinander verbunden. Nahrungsketten zeigen, wie Energie zwischen den Mitgliedern eines Ökosystems ausgetauscht wird, angefangen bei einem Produzenten – einem Lebewesen, das seine Nahrung selbst herstellt, wie z.B. eine Pflanze. Andere Lebewesen (sogenannte »Konsumenten«) fressen die Produzenten und werden dann möglicherweise selbst wieder gefressen, wodurch eine Kette entsteht.

Die meisten Lebewesen essen mehr als eine Pflanzen- oder Tierart, sodass sich die Ketten überlappen und ein Nahrungsnetz bilden. Eine Veränderung in der Population eines Mitglieds kann große Auswirkungen auf das Netz haben. Pestizide z.B. töten nicht nur Unmengen von Insekten, sondern verringern auch die Überlebenschancen insektenfressender Vögel, Frösche und anderer größerer Lebewesen.

Primärer Verbraucher

Produzent

13

KAPITEL 1

WIR SIND HELDEN ZU HAUSE

Zu Hause ist es am schönsten, aber genau hier werden auch die meisten Dinge verschwendet. Dadurch ist euer Zuhause der perfekte Ort, um sich voll reinzuhängen und mit der Ausbildung zum Beschützer loszulegen.

ABFALL AUF DER GANZEN WELT

Menschen aus wohlhabenden Industrieländern konsumieren eine Menge und werfen sehr viel davon weg. Jeder Deutsche wirft z.B. durchschnittlich 1,3 Kilogramm Müll pro Tag weg. Das bedeutet, dass eine fünfköpfige Familie pro Jahr 2,3 Tonnen Müll entsorgt. Menschen in anderen Teilen der Welt werfen weniger Abfall weg. In Kolumbien sind es 950 Gramm pro Tag, während es in Ghana nur 90 Gramm sind.

WAS FÜR EINE VERSCHWENDUNG!

Abfall stellt eine ganz schöne Verschwendung der Ressourcen dar, die ursprünglich zur Herstellung der Dinge verwendet wurden. Abfall verbraucht selbst auch Ressourcen, wenn er entsorgt wird. Stellt euch z.B. die Tausenden von Müllwagen weltweit vor. Zusammengerechnet verbrennen sie jedes Jahr Millionen Liter umweltschädliches Benzin.

Die Weltbank schätzt, dass die Menschheit bis 2025 täglich 6 Millionen Tonnen Abfall produzieren wird. Um diesen zu entsorgen bräuchten wir eine 5.000 Kilometer lange Schlange von Müllwagen. Sie wäre so lang, dass sie einmal quer durch China reichen würde.

WO GEHT DAS ALLES HIN?

Die meisten Abfälle werden entweder verbrannt oder vergraben.

♺ Die Verbrennung erfolgt in Maschinen, den sogenannten Verbrennungsöfen. Damit wird der Raum, den der Abfall einnimmt, um 90% reduziert. Allerdings können dadurch umweltschädliche Gase, einschließlich Schwefeldioxid und Stickstoffoxid, sowie giftige Chemikalien in die Luft gelangen.

♺ Tausende von Tonnen Abfall werden illegal abgeladen. Dies schadet der Umwelt, und die Aufräumarbeiten kosten ein Vermögen.

♺ Millionen von Tonnen Abfall sind in riesigen Löchern, den sogenannten Deponien, vergraben. Allein in Europa gibt es eine halbe Million dieser Deponien. In vielen Deponien verursachen giftige Chemikalien Boden- und Wasserverschmutzung. Beim Zerfall des Mülls werden auch Treibhausgase wie Methan freigesetzt.

LASST UNS ÜBER MÜLL REDEN

Jetzt könnt ihr als Beschützer durchstarten Als Helden zu Hause teilt ihr als Erstes euer Wissen: Sollte jemand aus eurer Familie oder unter euren Freunden glauben, dass Verschwendung kein Thema ist, dann überzeugt sie durch folgende Fakten.

DAS PROBLEM BEGRABEN

Die Umweltverschmutzung durch Mülldeponien kann weit um sich greifen, den Boden angreifen und Flüsse, Bäche und das Grundwasser vergiften. Entflammbare Gase und Chemikalien entzünden sich ebenfalls häufig und lösen Deponiebrände aus, die massiv die Luft verschmutzen.

LANGSAM VERROTTEN?

Müll verrottet meist nicht schnell und einfach. Während eine Küchenrolle nur einen Monat braucht, bis sie biologisch abgebaut ist, dauert es bei Leder bis zu 50 Jahre, bei Aluminiumdosen mindestens 100 Jahre und bei Plastikflaschen 400 bis 500 Jahre.

LEBEN IM MÜLL

Ausufernde Müllhalden in ärmeren Entwicklungsländern nehmen den Menschen den Lebensraum
weg. Tausende von Kindern leben und spielen
zwischen zerbrochenem Glas, scharfkantigem
Metall und giftigen Chemikalien. Tausende weitere durchsuchen diese Müllkippen, um im Abfall
Gegenstände zum Verkaufen zu finden.

MÜLLKOSTEN

Bis 2025 werden die Kosten für
die weltweit steigenden Abfall-
berge voraussichtlich 320.000
Millionen Euro pro Jahr erreichen.
Das ist Geld, das für den Bau von
Hunderten von Krankenhäusern
oder Tausenden von Schulen
ausgegeben werden könnte.

EINE LADUNG MÜLL

2016 produzierten die Menschen
5,5 Millionen Tonnen festen Abfall
pro Tag. Wenn sich nichts ändert,
wird sich diese Zahl bis 2100 voraussichtlich auf 12 Millionen Tonnen
Abfall pro Tag mehr als verdoppeln.

VERMEIDEN, WIEDERVERWENDEN, RECYCELN

Können wir alle weniger verschwenden? Die Antwort lautet schlicht JA! Aber dafür müssen wir uns alle anstrengen – und genau da kommt ihr ins Spiel.

DIE GRUNDLAGEN

Dieses Diagramm wird als Abfallpyramide bezeichnet und zeigt, wie wir mit Abfall umgehen können. An der Spitze findet sich die beste, an der Basis die schlechteste Art. Die verschiedenen Möglichkeiten zu kennen gehört zu eurem Beschützer-Wissen.

- Hierfür gibt's eine Auszeichnung für die »Helden zu Hause«! Wenn's um Verschwendung geht, ist es natürlich am allerbesten, weniger zu verwenden und einige Dinge ganz zu vermeiden.

- Etwas wiederzuverwenden gibt Punkte aufs Beschützer-Konto! Ihr verbraucht keine zusätzlichen Ressourcen, und der Gegenstand landet nicht auf dem Müllberg.

- Recycling hilft unserem Planeten, ist aber nicht perfekt. Recycling spart zwar Ressourcen, verbraucht auf der anderen Seite aber Energie.

- Als Helden zu Hause ist es eure Aufgabe, Abfall so weit wie möglich zu reduzieren. Werft etwas nur dann weg, wenn ihr sicher seid, dass es nicht wiederverwendet oder recycelt werden kann.

VERMEIDEN

WIEDERVERWENDEN

RECYCELN

ENTSORGEN

SAGT EINFACH NEIN!

Am besten ist es also, so wenig neuen Abfall wie möglich zu produzieren. Klar ist es verlockend, immer das Neueste in die Finger zu bekommen, aber fragt euch selbst, bevor ihr euer Geld verschleudert ...

Kann ich etwas, das wir zu Hause haben, reparieren oder stattdessen etwas anderes verwenden?

Brauche ich das wirklich?

Will ich das in drei Monaten noch und verwende ich es dann auch?

Gibt es das auch gebraucht?

Kann ich mir das von jemandem leihen – ich brauch' es nämlich nur kurz?

WIEDERVERWENDEN ... UND WIEDER ... UND WIEDER

Ihr könnt euren Abfall auch reduzieren, indem ihr Artikel kauft, die länger halten oder repariert werden können, oder Artikel nur dann austauscht, wenn es *absolut* notwendig ist.

♻ Milliarden herkömmlicher Batterien wandern in den Müll, wenn sie leer sind. Wiederaufladbare Batterien können bis zu 1000 Mal aufgeladen werden.

♻ Verwendet waschbare Stofftücher anstelle von Küchenrolle oder Papiertaschentüchern .

♻ Tinten- und Tonerkartuschen von Druckern können oft nachgefüllt werden und müssen nicht entsorgt werden.

♻ Wählt ein Handy, das einen austauschbaren Akku besitzt.

♻ Wenn euer Computer zu langsam ist, bringt ihn zu einem Techniker, der ihn aufpoliert. Die Aufrüstung eines Teils, z.B. des Speichers, kostet viel weniger und ist weniger Verschwendung als der Austausch des gesamten Geräts.

♻ Auf den nächsten Seiten gibt's weitere Ideen rund ums Wiederverwenden!

REPARIEREN UND WIEDERVERWENDEN

Bevor euer Abfall in der Tonne landet, stellt euch die GROSSE Frage: Kann er auf irgendeine Weise wiederverwendet oder repariert werden? Kreative Wege zum Müllaufbereiten sind nicht nur gut für den Planeten, sondern machen auch Spaß. Hier sind einige praktische Ideen für den Anfang.

EIN REPARATUR-CAFÉ ERÖFFNEN

Früher hat man »sich beholfen und ausgebessert« statt neu zu kaufen – warum also nicht diesen Ansatz wiederbeleben? Seit 2009 in den Niederlanden das erste eröffnet hat, sind Reparatur-Cafés richtig beliebt. Hier trifft man sich, um Kleidung, Fahrräder, Computer und andere Gegenstände zu reparieren oder etwas zu lernen und sich auszutauschen. Schaut doch mal nach, ob es ein Café in eurer Nähe gibt (z.B. auf der Website der Repair Cafés). Oder ihr startet eure eigene Version: mit Freunden, Snacks und einem eingeladenen Gast – am besten ein Handwerker, der Dinge reparieren kann und euch zeigt, wie es geht

An Weihnachten und an Geburtstagen schwelgt man gerne verschwenderisch in allem. Öffnet Geschenke vorsichtig, dann könnt ihr das Geschenkpapier noch mal verwenden. Und aus alten Karten könnt ihr eigene Geschenkanhänger basteln.

EINFACH NÄHEN

Kleidung einfach wegzuwerfen, weil sie zerrissen ist oder geändert werden muss, ist verlockend. Denkt aber daran, dass vieles mit ein wenig Know-how schnell und einfach ausgebessert und so Geld gespart werden kann.

- ♻ Fehlende Knöpfe oder kaputte Druckknöpfe können ersetzt werden.

- ♻ Zu kurze Hosen können im Saum genug Stoff haben, der herausgelassen werden kann, damit's wieder passt.

- ♻ Zerrissene Jeans können zu Shorts umgeändert werden.

- ♻ Eine zerrissene Naht im Lieblings-T-Shirt lässt sich leicht nähen.

- ♻ Warum deckt ihr einen kleinen Riss oder Fleck nicht mit einem Aufnäher ab?

WIEDERVERWENDEN UND UPCYCLING

Wiederverwenden bedeutet, ihr verwendet ein Objekt für eine andere Aufgabe. Marmeladengläser sind z.B. praktisch zum Aufbewahren von Bastelmaterial, und leere Lippenbalsamtöpfchen eignen sich hervorragend zum Abfüllen von Kosmetika für unterwegs. Versucht euch doch mal an »Upcycling« und zaubert aus alten unerwünschten Objekten neue, coole Gegenstände.

- ♻ Bemalt oder verziert alte Cornflakes-Schachteln und schneidet dann das obere Drittel der schmalen Seite ab – fertig ist ein perfekter Papier- oder Zeitschriftenständer.

- ♻ Streicht leere Kaffeedosen in leuchtenden Farben an – fertig sind prima Pflanzentöpfe für den Garten oder die Fensterbank.

- ♻ Chipstüten brauchen über 80 Jahre, um zu verrotten. Dreht ein paar leere von innen nach außen und wischt sie sauber – aus der Folie lassen sich klasse Party-Girlanden basteln.

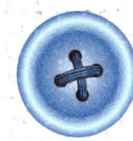

Wenn ihr keinerlei Verwendung für etwas findet, dann spendet es! Vielleicht kann jemand anders was mit dem anfangen, was ihr nicht gebrauchen könnt. Erkundigt euch nach Organisationen, die Gegenstände wie Kleidung, Schuhe, Fahrräder, Computer und Telefone entgegennehmen.

AUS ZWEITER HAND UND GETAUSCHT

Ihr findet Secondhand-Läden uncool? Dann solltet ihr es nochmal ausprobieren. Geht ruhig mal zu eurem Wohltätigkeitsladen – dort nach einmaligen Schnäppchen zu stöbern macht Spaß, und ihr tut nebenbei noch etwas für unseren Planeten.

RESSOURCENSCHONUNG

Wenn ihr anderen aussortierte Sachen abkauft, ist das eine erstklassige Helden-Aktion! Die zum Verkauf angebotenen Artikel haben bereits Ressourcen verbraucht. Allein um die für ein T-Shirt benötigte Baumwolle anzubauen, benötigt man z.B. 2.700 Liter Wasser. Dazu kommt noch die bei der Herstellung verbrauchte Energie oder der Treibstoff, der für den Transport bis in die Läden benötigt wird. Warum also mehr Ressourcen verbrauchen? Erfreut euch an etwas bereits Hergestelltem und verringert noch dazu den Müllberg.

Ihr habt jede Menge aussortierter Kleidungsstücke und Spielsachen? Dann organisiert doch euren eigenen Flohmarkt. So könnt ihr Geld z.B. für eine örtliche Naturschutzorganisation sammeln.

ZWEI-BAHNSTRASSE

Ein weiterer Vorteil beim Second-Hand-Shopping ist auch, dass ihr wisst, wohin das Geld fließt. Statt große Konzerne noch reicher zu machen, geht euer Geld an wohltätige Organisationen. Und wenn ihr eure eigenen unerwünschten Artikel für wohltätige Zwecke spendet, haltet ihr den Prozess am Laufen.

Alle Einnahmen werden gespendet.

TAUSCHT DRAUFLOS

Mit einer Tauschbörse an der Schule könnt ihr den Konsum reduzieren und gleichzeitig eure Klamotten updaten. Natürlich müsst ihr euch nicht auf Kleidung beschränken; ihr könnt auch themenbezogen z.B. Bücher oder Computerspiele tauschen. Setzt einen Erwachsenen als Schiedsrichter ein, um Streitereien zu unterbinden. Gut ist, wenn alle die Tauschgegenstände vor Beginn des Tauschs sichten dürfen.

ONLINE-RECYCLING

Freecycle ist eine Organisation, die weltweit über 5.000 Gruppen umfasst. In den lokalen Gruppen posten Mitglieder Dinge, die sie kostenlos abgeben, damit sie nicht auf der Müllhalde landen oder verbrannt werden. Fragt eure Eltern, ob ihr euch auch anmelden und eigene Sachen einstellen dürft.

In Secondhand-Läden gibt's oft echte Schnäppchen, z.B. angesagte Klamotten, seltene Bücher und außergewöhnliche Spielzeuge und Spiele.

Zu verkaufen!

RECYCLING

Manchmal findet man einfach keine neue Verwendung für etwas und kann es auch nicht spenden. Hier kommt dann Recycling ins Spiel. Beim Recycling geht es darum, Abfall so zu sammeln und zu verwenden, dass man etwas Neues herstellen kann. Dadurch reduziert man den Abfall, der auf Deponien oder in Verbrennungsanlagen entsorgt wird, und spart viele natürliche Ressourcen.

ECHTE EINSPARUNGEN

Recycling ist wirklich klasse, aber eben nicht perfekt, weshalb es auch nicht an der Spitze der Abfallpyramide steht (siehe Seite 18). Allein die Materialien zu sammeln ist schon aufwendig. Auch für den Transport, die Sortierung und die Verarbeitung des Abfalls zu neuen Materialien benötigt man Energie.

Recycling verbraucht jedoch tendenziell weniger Energie und verursacht weniger Umweltverschmutzung als die Herstellung neuer Materialien von Grund auf. Recyceltes Aluminium benötigt z.B. nur 5% der Energie, die zur Herstellung von neuem Aluminium benötigt wird. Ähnlich verhält es sich mit Kunststoff. Die meisten Kunststoffe werden aus Öl hergestellt. Das Recycling einer einzigen Tonne Plastik kann 2.600 Liter Öl und Tausende von Kilowattstunden Energie einsparen und über 1,5 Tonnen Kohlenstoffemissionen vermeiden.

Glas ist nicht biologisch abbaubar, aber es kann immer wieder recycelt werden. Im Jahr 2017 hat die Europäische Union über 25 Milliarden Glasbehälter recycelt. Das sind 49 Stück pro Einwohner.

VERWERTUNGSQUOTEN

Trotz aller Vorteile, die fürs Recycling sprechen, werden riesige Mengen recyclingfähiger Gegenstände nicht recycelt. Deutschland steht beim Recycling an der Spitze – rund 60% der festen Abfälle wurden 2017 recycelt. Aber andere Länder hinken hinterher. Die USA recyceln nur etwas mehr als ein Drittel ihrer Abfälle, Griechenland und Israel weniger als ein Fünftel und Mexiko nur 5%. Deshalb ist eines sicher – egal woher ihr kommt: Wir können alle mehr recyceln, um dem Planeten zu helfen.

Die durch das Recycling einer Glasflasche eingesparte Energie kann eine 100-Watt-Glühbirne vier Stunden lang betreiben.

Das Recycling von Metalldosen spart zwischen 60 und 74% der Energie, die zur Herstellung von neuem Metall verwendet wird.

Pro 6 Tonnen Glas, die recycelt werden, gelangt 1 Tonne weniger Kohlendioxid (ein Grund für die globale Erwärmung) in die Atmosphäre

25

EURE RECYCLING-MISSION

Kümmert euch ums Recycling zu Hause und in der Schule und verdient euch die Helden-zu-Hause-Medaille. Hier findet ihr einige einfache Möglichkeiten, Küche und Klassenzimmer auf Vordermann zu bringen.

MÜLLTONNEN: TIPPS UND TRICKS

Eure Gemeinde bietet sicher das Recycling einiger Materialien bereits an, die dann abgeholt werden. Wenn ihr nicht sicher seid, was zu Hause recycelt werden kann, schaut online nach oder findet in der Ortsverwaltung heraus, wo Wertstoffhöfe sind und was sie annehmen.

Stellt neben euren Küchenabfall Recycling-Boxen auf. Kennzeichnet die Behälter für die verschiedenen Materialien farblich.

Erstellt einen Recycling-kalender, in dem die Tage markiert sind, an denen der Müll abgeholt wird.

Alle Arten von Plastikflaschen, vom Salatdressing bis zum Shampoo, können recycelt werden. Spült sie vorher aus.

Sammelt aussortierte Gegenstände, die nicht in Mülltonnen recycelt werden können, wie alte Schlüssel, Töpfe und anderes Kochgeschirr. Sie können dann auf einmal auf den Wertstoffhof gebracht werden, sodass mehrfache Autofahrten vermieden werden.

Ihr habt einen Garten? Dann kompostiert Lebensmittelabfälle.

Sortiert Glas in Klar-, Grün- und Braunglas für die Glascontainer vor.

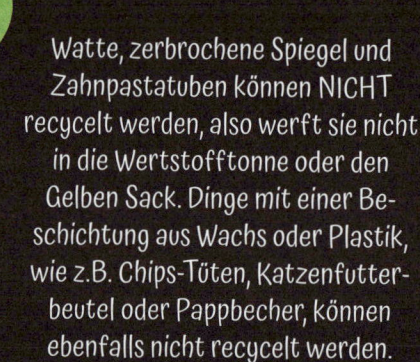

Watte, zerbrochene Spiegel und Zahnpastatuben können NICHT recycelt werden, also werft sie nicht in die Wertstofftonne oder den Gelben Sack. Dinge mit einer Beschichtung aus Wachs oder Plastik, wie z.B. Chips-Tüten, Katzenfutterbeutel oder Pappbecher, können ebenfalls nicht recycelt werden.

KLASSENKAMPF UM DEN ABFALL

Recycling hört nicht zu Hause auf. Hier sind drei Möglichkeiten, wie ihr euer Beschützer-Wissen in der Schule einbringen könnt:

1. Veranstaltet einen Wettbewerb für alle Klassen: Die Klasse, die in einem Monat am meisten recyceln konnte, gewinnt einen Preis.

2. Stellt mehr Recycling-Behälter auf, die für Kinder gut zugänglich sind. Bittet je eine Klasse für einen der Behälter ein buntes Poster mit inspirierenden Fakten zum Thema Recycling zu erstellen.

Das Recycling einer Getränkedose aus Aluminium spart genug Energie, um einen Fernseher zwei Stunden lang laufen zu lassen!

3. Organisiert einen Bastel-Wettbewerb zur Dekoration der Recycling-Behälter. Eine normale Tonne mit Schwingdeckel könnte z.B. mit ein wenig Farbe, Karton und einem Pappteller als Auge zu einem einäugigen Monster werden. Falls ihr keinen Wettbewerb veranstalten wollt, hilft es trotzdem, wenn ihr eure Behälter mit einem Monster-, Roboter- oder Naturdesign lustig und bunt gestaltet – dann wird gerne recycelt!

KAPITEL 2

WIR SIND HÜTER DER ERNEUERBAREN ENERGIEN

Wir verbrauchen Energie, um Gebäude zu bauen, zu heizen, zu kühlen und zu beleuchten sowie um zu essen, zu reisen und uns zu unterhalten. Aber die Deckung des Energiebedarfs aller Menschen geht zulasten der Umwelt. Luft- und Wasserverschmutzung, der gigantische Verbrauch von Ressourcen, die nicht wieder ersetzt werden können, und – JA, GENAU – der Klimawandel sind die Konsequenzen. Hüter der erneuerbaren Energien, euer Planet braucht euch!

KLIMAWANDEL

Die Erde heizt sich auf. Die NASA hat gemessen, dass die durchschnittliche Oberflächentemperatur des Planeten um mehr als 1° C höher ist als noch vor einem Jahrhundert. Und sie steigt weiter. Siebzehn der achtzehn wärmsten jemals aufgezeichneten Jahre sind seit 2001 verzeichnet, und die Temperaturen sollen laut Vorhersage bis 2100 weiter steigen. Wenn nichts geschieht, wird dies verheerende Auswirkungen haben.

- Sich ändernde Wettermuster führen zu starken Regenfällen und mehr Überschwemmungen einerseits sowie Dürren andererseits. Dies könnte Ökosysteme und Nutzpflanzen schädigen und zu Nahrungsmittelknappheit führen.

- Die Eiskappen an den Polen sowie die Gletscher auf der ganzen Welt werden weiter schmelzen.

- Der Meeresspiegel wird weiter ansteigen, Feuchtgebiete und Küstengemeinden zerstören und einige tief gelegene Inseln vollständig unter Wasser setzen.

- Es wird erwartet, dass noch mehr Lebewesen aussterben werden, da die Bedingungen zu hart werden und sie sich nicht mehr anpassen können.

Weniger Wärme entweicht in den Weltraum

Gefangene Wärme

Wieder abgestrahlte Hitze

Sonnenwärme

Durch die zunehmende Menge an Treibhausgasen in der Atmosphäre aufgrund menschlicher Aktivitäten kann viel weniger Wärme in den Weltraum entweichen.

DER VERSTÄRKTE TREIBHAUSEFFEKT

Gase wie Kohlendioxid (CO_2) und Methan kommen natürlich in der Erdatmosphäre vor, wo sie eine wichtige Aufgabe erfüllen. Sie fangen einen Teil der Sonnenwärme ein und wärmen so die Erdoberfläche. Dies wird als Treibhauseffekt bezeichnet. Ohne ihn würde Wärme in den Weltraum entweichen, und die Erde wäre zu kalt für die Vielfalt des Lebens, die sie heute bietet.

So weit, so gut. Aber in den letzten 250 Jahren hat sich einiges verändert. Durch menschliche Aktivitäten, wie Viehzucht und die Nutzung umweltschädlicher Fahrzeuge, hat die Konzentration dieser Gase in der Atmosphäre stark zugenommen. Daher fängt die Atmosphäre heute mehr Wärme ein, und die Erde wird heißer (siehe oben). Dies wird als verstärkter Treibhauseffekt bezeichnet.

TREIBHAUS-GASE

Welche Gase sind nun besonders für den verstärkten Treibhauseffekt verantwortlich und wodurch gelangen sie in die Atmosphäre?

KOHLENSTOFFDIOXID

AUCH BEKANNT ALS CO_2

Wir pumpen jedes Jahr 40 Milliarden Tonnen dieses Gases in die Atmosphäre. Einige bleiben dort jahrhundertelang. Das Gas ist für drei Viertel der vom Menschen verursachten Erwärmung verantwortlich. Die Verbrennung fossiler Brennstoffe, die Abholzung der Wälder und die Zementproduktion gehören zu den größten CO_2-Verursachern.

WASSERDAMPF

AUCH BEKANNT ALS H_2O

Wassertröpfchen in der Atmosphäre kommen in der Natur als Teil des Wasserkreislaufs vor und spielen beim normalen Treibhauseffekt eine Rolle. Je wärmer die Erdoberfläche ist, desto mehr Wasser verdunstet und verwandelt sich in Dampf, wodurch sich die Menge in der Atmosphäre erhöht.

DISTICKSTOFFMONOXID (LACHGAS)

AUCH BEKANNT ALS N_2O

Dieses Gas bleibt etwa 110 Jahre lang in der Atmosphäre und trägt fast ein Zehntel zur Erwärmung bei, die durch menschliche Aktivitäten verursacht wird. Zu den Verursachern gehören Landwirtschaft, chemische Düngemittel, die Verbrennung fossiler Brennstoffe, Fahrzeuge und Entwaldung.

METHAN

AUCH BEKANNT ALS CH_4

Dieses wärmeeinschließende Gas verbleibt etwa zehn Jahre in der Atmosphäre und ist für etwa ein Siebtel der vom Menschen verursachten Erwärmung verantwortlich. Zu den größten Verursachern gehören die Herstellung und Nutzung fossiler Brennstoffe, Landwirtschaft und Müllhalden.

DER ULTIMATIVE VERURSACHER VON KOHLENSTOFF

Kohle, Öl und Erdgas sind als fossile Brennstoffe bekannt, weil sie aus den Überresten von Tieren und Pflanzen hergestellt werden, die vor Millionen von Jahren lebten. Fossile Brennstoffe enthalten Kohlenstoff und können alle verbrannt werden, wobei viel Wärme freigesetzt wird, aber auch heftige Treibhausgasemissionen produziert werden. Fossile Brennstoffe erzeugen fast zwei Drittel des weltweiten Stroms und treiben fast alle Fahrzeuge der Erde an.

WAS WIRD GETAN?

Viele Länder haben Abkommen zur Reduzierung ihrer Treibhausgasemissionen unterzeichnet. Unterzeichnet als Hüter nachhaltiger Energie Online-Petitionen und unterstützt Kampagnen zur Senkung der Emissionen. Leistet außerdem euren Beschützer-Beitrag, indem ihr die Tipps dieses Kapitels befolgt, um den Energieverbrauch in eurem Haushalt zu senken.

Die Verbrennung von 1 Tonne Kohle kann mehr als das Doppelte ihres Gewichts an CO_2-Emissionen verursachen.

Jeder Mensch hat einen durchschnittlichen CO_2 Fußabdruck von etwa 5 Tonnen pro Jahr. Das ist das Gewicht eines Elefanten an Treibhausgas, das den Planeten erwärmt.

ES IST ELEKTRISCH!

Jedes Mal, wenn ihr eine SMS sendet oder ein Videospiel spielt, nutzt ihr die vielseitigste Energieform der Welt – Elektrizität. Vor 150 Jahren war Elektrizität kaum mehr als eine wissenschaftliche Kuriosität. Heutzutage hängt jeder Teil des menschlichen Lebens von ihr ab.

EUER FLEXIBLER FREUND

Elektrizität bietet viele Vorteile. Sie kann über Kabel von Kraftwerken zu Wohnungen, Schulen und Büros transportiert werden. Sie kann in andere Energieformen wie Wärme, Licht und Schall umgewandelt werden. Und sie kann unmittelbar mit einem Schalter gesteuert werden. Das bedeutet auch, dass ihr Gegenstände abschalten und WIRKLICH leicht Energie sparen könnt!

WIRKLICH SAUBER?

Elektrizität erzeugt keine direkten Kohlenstoffemissionen. Sie ist jedoch nicht so sauber, wie es scheint. Viele der Arten, auf die sie erzeugt wird, verursachen Emissionen oder belasten die Umwelt auf andere Art. Die folgenden Brennstoffe wurden laut dem Bericht der Internationalen Energieagentur 2017 weltweit zur Erzeugung von Elektrizität verwendet:

39,3%	Kohle
22,9%	Erdgas
16,0%	Wasserkraft
10,6%	Nuklearenergie
7,1%	Erneuerbare Energien und Abfallverbrennung
4,1%	Öl

Das bedeutet, dass etwa ZWEI DRITTEL der gesamten Elektrizität durch die Verbrennung fossiler Brennstoffe (Öl, Kohle und Gas) erzeugt werden, die riesige Emissionsmengen in die Atmosphäre abgeben.

Elektrizität wird meist in Kraftwerken durch sogenannte Generatoren erzeugt, die häufig durch die Verbrennung fossiler Brennstoffe betrieben werden.

Die von Menschen auf der ganzen Welt verbrauchte Strommenge hat sich seit 1992 mehr als verdoppelt.

SAUBER UND UMWELTFREUNDLICH?

Selbst die erneuerbaren Energien, von denen wir normalerweise annehmen, dass sie keine Treibhausgase ausstoßen, sind nicht alle gleich sauber. Biomasse ist pflanzliche oder tierische Materie, die manchmal zur Energiegewinnung verbrannt wird. Sie wird oft als erneuerbar betrachtet, aber wenn man sie in Kraftwerken verbrennt, setzt sie noch mehr Emissionen frei als Kohle.

ELEKTRIZITÄT MESSEN

Wie viel Elektrizität ein Objekt benötigt, um zu funktionieren (seine Leistung), wird in Watt (W) gemessen. Der Stromverbrauch wird in Kilowattstunden (kWh) gemessen. Das klingt schwieriger als es ist – es heißt einfach, dass 1.000 Watt für eine Stunde verbraucht werden. Um zu messen, wie viel Elektrizität ein Objekt verbraucht, multipliziert man seine Nennleistung mit der Anzahl der Stunden, in denen es eingeschaltet ist. Dann wird das Ergebnis durch 1.000 geteilt, um die Kilowattstunden zu erhalten. Verwendet die nachstehenden Leistungsangaben, um herauszufinden, wie viel Energie einige gängige Elektrogeräte in eurem Haus verbrauchen. So könnt ihr prüfen, wo Einsparungen möglich sind.

- Heizstrahler — 2.000–3.000 W
- Staubsauger — 600–1.600 W
- Bügeleisen — 1.000–1.800 W
- Toaster — 800–1.500 W
- Wasserkocher — 2.200–3.000 W
- Kühl- und Gefrierschrank — 200–400 W
- LCD-Fernseher — 125–200 W
- Spielkonsole — 45–190 W
- Computer — 80–150 W
- Internet-Router — 7–10 W
- Smartphone (beim Aufladen) — 2,5–5 W

(Leistungsbewertungen durch das Zentrum für nachhaltige Energie)

BEMERKENSWERTE ERNEUERUNGEN

Erneuerbare Energien sind natürliche Energiequellen, die nicht wie fossile Brennstoffe verbraucht werden und die Umwelt weniger belasten. Ein Teil der Energie in eurem Haus könnte bereits aus erneuerbaren Quellen stammen, da diese immer wichtiger werden. Zum Beispiel wurde 2017 mehr als 70-mal so viel Strom durch Windkraft erzeugt wie 1997.

WAS IST MIT DEN WELLEN?

Die Kraft der Gezeiten und Wellen des Ozeans können zur Stromerzeugung genutzt werden. Obwohl es nicht gerade einfach ist, Maschinen zu bauen, die Wellenenergie in großen Mengen nutzbar machen können, gibt es erfolgreiche Gezeitenkraftwerke. Das Gezeitenkraftwerk am Sihwa-See in Südkorea ist das größte der Welt. Es kann bis zu 254 Millionen Watt Elektrizität erzeugen.

Einige Gezeitenkraftwerke verwenden Turbinen zur Erzeugung von Elektrizität, während andere durch das ein- oder ausströmende Wasser der Gezeiten gedreht werden.

Eine einzige Umdrehung der 80 Meter langen Blätter einer riesigen MHI Vestas-Windturbine erzeugt genug Strom, um ein typisches britisches Haus 29 Stunden lang mit Strom zu versorgen!

WINDKRAFT

Wind wird seit Jahrhunderten genutzt, um Windmühlen zu drehen und Getreide zu Mehl zu mahlen. Heute nutzen Turbinen den Wind auch zum Antrieb von Generatoren. Große Windparks können genug Strom erzeugen, um 300.000 Haushalte zu versorgen. Im Jahr 2017 produzierte Dänemark 43% seiner Energie durch Windkraft, was enorme Mengen an Ressourcen einspart und die Luftverschmutzung verringert. Da Winde jedoch auch mal nachlassen, können Turbinen nicht rund um die Uhr Strom garantieren.

ENERGIE AUS DER ERDE

Die »geothermische« Energie in heißen unterirdischen Gesteinen kann zur Erwärmung von Gebäuden oder zur Stromerzeugung genutzt werden. Kaltes Wasser wird in ein System von unterirdischen Rohren gepumpt, um Wärme zu absorbieren und heißes Wasser oder Dampf zurück an die Oberfläche zu schicken. In Island gibt es unter der Erde viele heiße Felsen, sodass fast 90 % der Häuser mit geothermischer Energie beheizt werden kann. Allerdings verfügen nur wenige Länder über genügend geothermische Energie, die problemlos genutzt werden kann.

SUPER-SOLAR

Auch Sonnenenergie kann auf verschiedene Weise genutzt werden – um Häuser zu heizen, Strom zu erzeugen und sogar, um Essen zu kochen.

SONNENLICHT EINSETZEN

In abgelegenen Gegenden in heißen Ländern wird das Sonnenlicht zum Trocknen und damit Konservieren von Lebensmitteln genutzt oder, um Solarkocher zum Kochen zu betreiben. Einige Haushalte nutzen die Sonnenenergie auch, um Wasser in Rohren zu erhitzen, ohne Öl oder Kohle zu verbrennen oder Elektrizität zu verbrauchen.

Mit tragbaren Kollektoren oder Rucksäcken mit Solarzellen könnt ihr unterwegs Handys oder Tablets aufladen.

LEISTUNGSFÄHIGE PANELS

Sonnenkollektoren enthalten elektronische Schaltkreise, die Sonnenlicht in Elektrizität umwandeln. Ein Sonnenkollektor von einem Quadratmeter kann 150–200 Watt Strom erzeugen, ohne die Umwelt zu verschmutzen, und hält etwa 25 Jahre lang. Mehr als 1,8 Millionen Haushalte und Firmen in Australien verwenden Sonnenkollektoren. Das einzige Problem dabei: Die Kollektoren benötigen sehr viel Sonnenlicht, um gut zu funktionieren.

WIR STELLEN EINEN SOLARKOCHER HER

Wärmt euer Essen im eigenen Solarofen auf, um selbst zu sehen, welche Kraft die erneuerbaren Energien freisetzen können.

1. Schneidet den Deckel eines Schuhkartons 3 Zentimeter vom Rand entfernt so ein, dass eine Klappe entsteht. Beklebt die Innenseite der Klappe und des Kartons mit Alufolie und achtet darauf, dass die Folie glatt bleibt.

2. Klebt ein Blatt schwarze Pappe an die Stelle, an der euer Essen stehen soll. Dies absorbiert Wärme und hilft beim Kochen.

3. Deckt die Öffnung im Deckel (die durchs Ausschneiden der Klappe entsteht) mit zwei oder drei Lagen Frischhaltefolie ab. Diese lässt Sonnenlicht in die Schachtel, hält die Wärme aber im Inneren fest.

4. Stützt die Klappe mit einem Stock ab. Stellt euren Ofen an einem sonnigen Tag zum Vorheizen für mindestens 30 Minuten direkt in die Sonne.

5. Öffnet nach 30 Minuten den Deckel (den Teil mit der Frischhaltefolie) und legt euer Essen hinein. Ein Stück kalte Pizza oder Marshmallows funktionieren prima. Schließt den Deckel, stützt die Klappe mit dem Stock wieder ab und wartet. Schaut alle 10–15 Minuten nach, bis euer Essen warm ist.

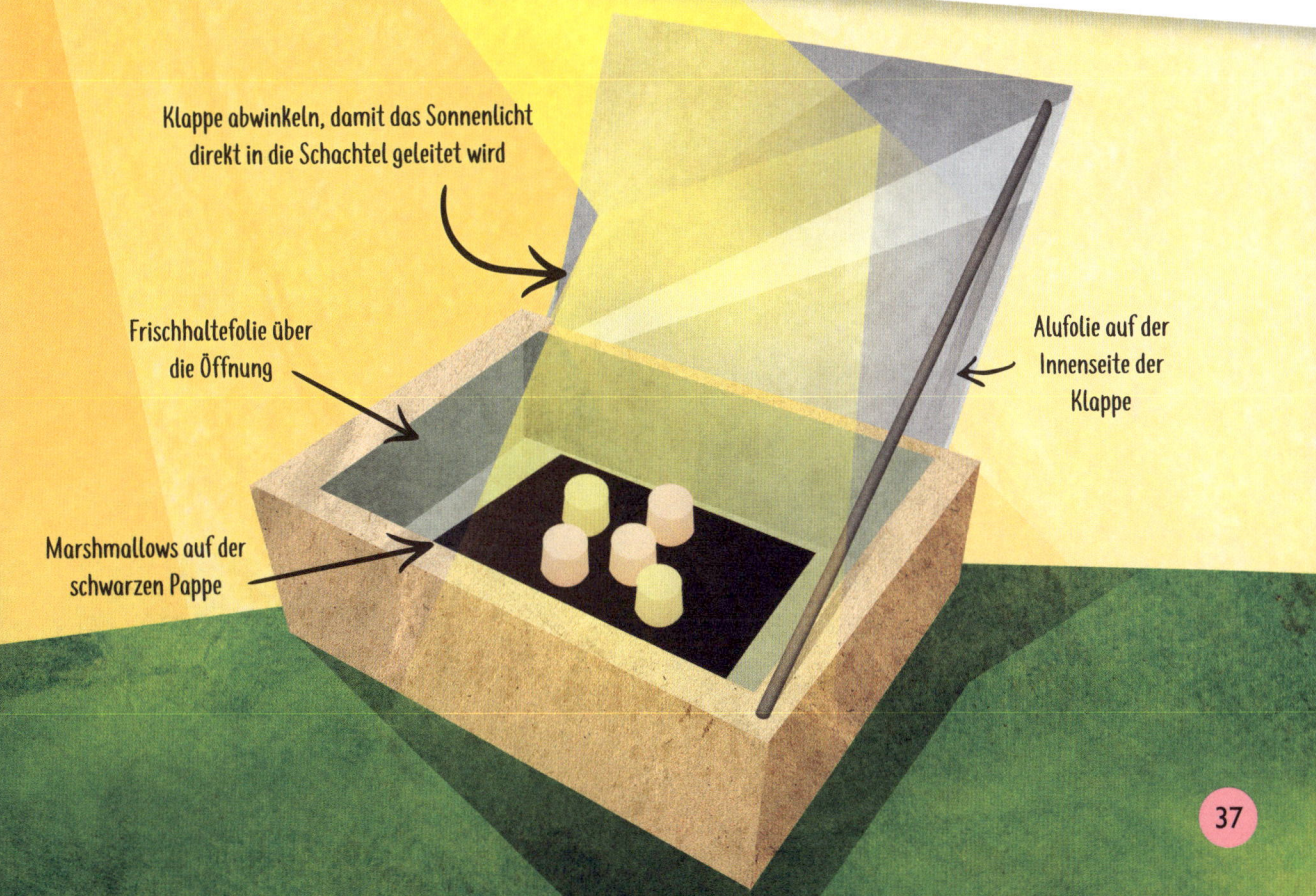

Klappe abwinkeln, damit das Sonnenlicht direkt in die Schachtel geleitet wird

Frischhaltefolie über die Öffnung

Alufolie auf der Innenseite der Klappe

Marshmallows auf der schwarzen Pappe

LUFT-VERSCHMUTZUNG

Zum Atmen ist saubere Luft für alle Lebewesen lebenswichtig, auch für den Menschen. Ein Teil der Luftverschmutzung ist auf natürliche Ursachen zurückzuführen, wie Staub und Gase, die durch Vulkane in die Atmosphäre gelangen. Der größte Teil wird jedoch vom Menschen verursacht, besonders durch Industrie und Fahrzeuge. Hier sind einige der häufigsten und gefährlichsten Substanzen aufgeführt.

SCHWEFELDIOXID

Werden fossile Brennstoffe in Kraftwerken mit Schwefel verbrannt, verbindet sich dieser mit Sauerstoff zu Schwefeldioxid (SO_2). Wenn ihr zu viel SO_2 einatmet, beeinträchtigt das eure Lungenfunktion.

KOHLENSTOFFMONOXID

Kohlenstoffmonoxid (CO) hat weder Farbe noch Geruch, kann aber tödlich sein. Wenn ihr zu viel davon einatmet, kann das Blut nicht mehr genügend Sauerstoff durch den Körper transportieren. Kohlenmonoxid wird von Fahrzeugen, Öfen und Heizkesseln produziert, die fossile Brennstoffe verbrennen.

FEINSTAUB

Diese winzigen festen oder flüssigen Partikel sind in der Regel weniger als ein hundertstel Millimeter groß. Dazu gehören Staub, Ruß und Chemikalien aus der Industrie. Sie sind klein genug, um eingeatmet zu werden, und können zu Asthmaanfällen und Lungenerkrankungen führen.

Nach Angaben der Weltgesundheitsorganisation verursachen die gesundheitlichen Auswirkungen der Luftverschmutzung 4,2 Millionen Todesfälle pro Jahr.

SMOG

Das Wort »Smog« wurde erstmals zur Beschreibung einer Mischung aus Rauch und Nebel (englisch »smoke« und »fog«) verwendet, die bei der Verbrennung von Kohle entsteht. Er lagerte sich über einigen Städten ab und verursachte große Schäden. Über 4.000 Menschen starben während des Großen Smogs von 1952 in London. Heute entsteht der meiste Smog, wenn Sonnenlicht mit Stickoxiden und anderen Chemikalien reagiert. Die Partikel im Smog können einen Dunst über einer Stadt erzeugen, Augenreizungen hervorrufen, Lungen entzünden und zu ernsthaften Gesundheitsproblemen wie Asthma beitragen.

Einige Städte versuchen, den Smog durch autofreie Tage zu bekämpfen. Außerdem gibt es jeden September weltweit einen autofreien Tag — sagt euren Eltern Bescheid!

SAURER REGEN

Regen, Schnee oder Nebel können durch Verschmutzung der Atmosphäre durch Säuren verunreinigt werden. Vom Wind getragen, kann saurer Regen weit entfernt von seinem Entstehungsort fallen, Bäume töten und vorhandenes Süßwasser und die darin lebenden Lebewesen schädigen.

TRANSPORT-PROBLEME

Im Jahr 1900 gab es keine Flugzeuge, nur wenige Busse und nur eine Handvoll Autos. Heute sind über eine Milliarde Fahrzeuge auf den Straßen der Welt unterwegs, und mehr als 100.000 Flüge befördern täglich Passagiere. Für unseren Planeten hat das enorme Auswirkungen.

AB-DAMPFEN

Die meisten Autos werden mit Benzin angetrieben, einem fossilen Brennstoff, der aus Öl hergestellt wird. Autos verbrennen Kraftstoff und Luft in den Zylindern ihrer Motoren, um Strom zu erzeugen. Die entstehenden Abgase werden durch die Auspuffanlagen der Autos in die Luft geblasen. Ein als Katalysator bezeichnetes Gerät filtert einige schädliche Gase, aber alle mit Benzin betriebenen Autos stoßen nach wie vor Schadstoffe und Kohlendioxid aus. Dieselfahrzeuge gehören zu den umweltschädlichsten Fahrzeugen.

Flugzeuge verbrauchen täglich etwa fünf Millionen Barrel Öl als Treibstoff und tragen damit zu etwa 3% aller Kohlenstoffemissionen bei.

ZUSÄTZLICHE AUSWIRKUNGEN

Autos, Lastwagen und Motorräder beeinflussen auch indirekt unsere Umwelt.

- Der Bau eines Fahrzeugs verbraucht eine Menge Material und Energie. Dazu gehört die gesamte Energie, die zur Herstellung der Materialien verwendet wird, die in das Fahrzeug eingebaut werden, sowie die Energie, die von den Maschinen zum Bau des Fahrzeugs benötigt wird.

- Jedes Jahr sterben schätzungsweise 1,25 Millionen Menschen bei Autounfällen. Und auch viele Millionen Tiere werden durch Zusammenstöße getötet.

- Am Ende seines Lebens kann ein Auto immer noch Schaden anrichten. Ein großer Teil von ihm kann recycelt werden, aber Kunststoffe, Batteriesäuren und andere Materialien müssen korrekt entsorgt werden, da sie sonst die Umwelt schädigen.

- Millionen Kilometer an Straßen umkreisen unsere Erde. Sie durchschneiden Land, das einst von wilden Pflanzen, Bäumen und Lebewesen bewohnt war.

ELEKTRISCH DURCHSTARTEN

Im Jahr 2018 überstieg die Zahl der Elektroautos und -busse auf den Straßen der Welt vier Millionen. Die Produktion von Elektroautos verbraucht immer noch viel Energie, und der Strom, den sie zum Betrieb benötigen, kann auch durch das Verbrennen fossiler Brennstoffe erzeugt worden sein. Allerdings produzieren sie insgesamt immer noch weniger Kohlenstoff als normale Autos. Am wichtigsten ist jedoch, dass sie bei ihren Fahrten keine schädliche Luftverschmutzung verursachen.

Wandern und Radfahren sind großartige Fortbewegungsmöglichkeiten — vollkommen CO_2-frei!

UNTERWEGS

Manche Autofahrten lassen sich nicht vermeiden, aber als Hüter erneuerbarer Energien könnt ihr eine Menge tun, um die Abhängigkeit eurer Familie von Benzin verschlingenden Fahrzeugen zu verringern. Hier gibt's ein paar einfache Tipps für unterwegs.

1. Viele setzen sich auch für kurze Strecken schnell ins Auto, obwohl sie zu Fuß gehen oder Rad fahren könnten. Dabei verbrauchen kurze Autofahrten am meisten Energie, da der Motor nicht warm wird und mehr Kraftstoff verbraucht. Laufen ist dagegen einfach nur top: DIE grüne und supergesunde Art, von Ort zu Ort zu gelangen.

2. Seid draußen wahre Superhelden und sammelt unterwegs Müll auf.

3. Warum nicht eine Schulbweg-Polonaise zu Fuß organisieren? Ein Erwachsener läuft vorneweg und einer am Schluss der Schüler-Schlange.

4. Fotografiert die Karte eurer Route ab, bevor ihr euch auf den Weg macht – dann geht ihr garantiert nicht verloren, seid ohne eingeschaltetes Navi deutlich energieeffizienter und spart außerdem Datenvolumen auf dem Handy.

5. Der internationale Zu-Fuß-zur-Schule-Tag findet jedes Jahr im September statt. Informiert euch auf der Website über Ideen und Veranstaltungen in eurer Region.

COOLE ZUSAMMENSCHLÜSSE

Organisiert Fahrgemeinschaften im Freundes- und Familienkreis, sodass das Auto öfter voll besetzt ist. Benutzt ein Whiteboard, auf dem jeder zu Hause markieren kann, wann Fahrten anstehen.

Ab in den Bus oder Zug! Öffentliche Verkehrsmittel verwenden zwar Benzin, Diesel, Biokraftstoffe oder Elektrizität, aber sie befördern mehr Menschen mit jedem Liter Kraftstoff, den sie verbrauchen.

FAHRRAD-GRUNDLAGEN

Mit dem Fahrrad reist man einfach genial. Es ist schnell, macht Spaß und ist energieeffizient ... allerdings müsst ihr euch um euer Fahrrad kümmern. Lasst die Bremsen von einem Erwachsenen einstellen und überprüfen, ob die Höhe des Sattels und Lenkers korrekt ist. Pumpt die Reifen auf, damit ihr schnell und problemlos starten könnt. Benutzt Radwege, wo möglich, tragt immer einen Helm und achtet auf Verkehrsschilder und Ampeln.

In einem Fahrradkorb könnt ihr prima Dinge transportieren. Bietet euch freiwillig für kleine Einkaufstouren mit dem Rad an, dann erspart ihr einem Erwachsenen die Autofahrt!

ENERGIENUTZUNG ZU HAUSE

Je mehr ihr darüber wisst, wie Energie zu Hause genutzt wird und welche neuen Entwicklungen es in diesem Bereich gibt, umso besser könnt ihr Energie sparen.

VERÄNDERT WAS

Der Energieverbrauch der Haushalte fällt weltweit sehr unterschiedlich aus. Häuser sind in der Regel unterschiedlich groß und unterschiedlich gebaut, wobei einige energieeffizienter sind als andere. Auch die Anzahl an Geräten, die in einem Haus Energie verbrauchen, kann stark voneinander abweichen.

STROMVERBRAUCH PRO PERSON UND JAHR*:

Kanada	5.546 kWh
Japan	7.820 kWh
Europäische Union	5.908 kWh
Mexiko	2.090 kWh
Indonesien	812 kWh

*Nach Angaben der Weltbank

BLEIBT COOL

In einigen heißen Ländern wird viel Energie zur Kühlung von Häusern mit Ventilatoren und Klimaanlagen verbraucht. 2017 wurden in den USA 15,4% des gesamten Haushaltsstroms für die Kühlung aufgewendet. Das sind coole 212,5 Milliarden kWh ... oder mehr als die gesamte Elektrizität, die in Südafrika von Privathaushalten und der Industrie zusammen in einem ganzen Jahr verbraucht wurde!

Dreht die Klimaanlage herunter, vor allem nachts, tragt luftigere Kleidung und zieht tagsüber die Vorhänge zu, damit sich euer Zimmer nicht aufheizt.

Schließt immer die Außentüren oder Fenster, wenn die Heizung oder Klimaanlage eingeschaltet ist. So verhindert ihr, dass Wärme oder kühle Luft austritt und mehr Energie als nötig verbraucht wird.

DIE ZWEI-GRAD-HERAUSFORDERUNG

Eure nächste Mission besteht darin, eure Familie davon zu überzeugen, die »Zwei-Grad-Herausforderung« anzunehmen. Dazu müsst ihr die Zentralheizung um ein paar Grad herunterdrehen. Am Anfang braucht ihr sicher eine zusätzliche Schicht Klamotten – oder ihr probiert es erst einmal an milderen Tagen. Trotz eines kollektiven Stöhnens am Anfang gewöhnen sich viele Haushalte sehr schnell an eine niedrigere Temperatur. Und die Umweltvorteile sind RIESIG. Eine Senkung der Temperatur an einem Thermostat um nur 1 °C sorgt dafür, dass im Jahr 340 kg CO_2 weniger die in die Atmosphäre gelangen.

Sprecht mit euren Eltern über die Installation eines intelligenten Thermostats, der euer Haus nur dann heizt oder kühlt, wenn es wirklich gebraucht wird.

ENERGIE SPAREN

Für Hüter nachhaltiger Energien finden sich überall Gelegenheiten, einen Beitrag zur Rettung des Planeten zu leisten. Hier gibt's jede Menge Ideen, die den Verbrauch von Elektrizität und anderer Energie zu Hause und unterwegs reduzieren.

Energiesparlampen verbrauchen 60–80% weniger Energie als Glühbirnen. LED-Lampen können bis zu 90% weniger Energie verbrauchen.

EIN BESCHÜTZERLEITFADEN ZUM ENERGIESPAREN

- Vergewissert euch, dass die Türen von Kühl- und Gefrierschränken in Lebensmittelgeschäften alle geschlossen sind, wenn ihr die Gänge entlanggeht. Passt dabei aber auf eure Finger und die von anderen auf.

- Wenn ihr jemanden besucht, fragt nach, ob das Licht in einem unbenutzten Raum an sein muss, und wenn er damit einverstanden ist, schaltet es aus. Vielleicht schaltet er dann auch in Zukunft öfter das Licht aus.

- Urlaub im Hotel? Verratet eurer Familie, dass frische Handtücher nicht jeden Tag notwendig sind, sondern nur dann angefordert werden sollten, wenn die gebrauchten schmutzig sind – das spart richtig Energie.

- Solange ihr nicht die Spitze eines Wolkenkratzers mit 40 Stockwerken erklimmen müsst, ist es ein gutes Training, lieber die Treppe als den Aufzug zu nutzen!

- Bei euch gibt's irgendwo eine zugige Tür? Verwendet zusammengerollte Kleidung oder eine Bettdecke, um den Spalt zu versperren – damit verhindert ihr, dass wertvolle Wärme entweicht.

EIN BESCHÜTZERLEITFADEN ZUM ENERGIESPAREN ZU HAUSE

Ermutigt eure Eltern, Elektrogeräte zu kaufen, die weniger Energie als der Durchschnitt verbrauchen. In den USA z.B. tragen viele energieeffiziente Produkte einen »Energy Star«-Aufkleber. In Europa zeigt das EU-Energielabel an, wie energieeffizient ein Gerät ist.

Spart Licht. Schaltet alle unbenutzten Lichter aus, wenn ihr einen Raum verlasst.

Stellt Standby ab. Schaltet elektrische Geräte aus und zieht den Netzstecker, damit sie keinen Strom verbrauchen, wenn sie nicht in Gebrauch sind.

Denkt daran, dass die Herstellung von Materialien viel Energie verbraucht. Weniger zu kaufen und mehr Dinge wiederzuverwenden oder zu recyceln spart enorm an Energie.

Hängt die Wäsche auf die Leine statt einen Wäschetrockner anzuwerfen.

Werden Handy- und andere Ladegeräte gerade nicht benutzt – Stecker ziehen!

Erwischt: Mama oder Papa beäugen in einem Geschäft einen Laubbläser? Überzeugt sie davon, das Geld zu sparen und bei einem guten, alten Rechen zu bleiben – meldet euch freiwillig zum Blätterrechen!

Wenn ihr mit euren Eltern kocht, spart Energie, indem ihr den Deckel auf Töpfe mit kochendem Wasser legt und sicherstellt, dass nur so viel Wasser kocht, wie ihr braucht!

Duscht, statt zu baden, und lasst weniger Wasser einlaufen, wenn ihr doch ein Bad nehmt. So spart ihr Wasser und Energie, die zum Aufheizen des Wassers verwendet wird.

Haare können auch an der Luft trocknen, ohne Föhn.

KAPITEL 3

WIR KÄMPFEN GEGEN LEBENSMITTEL-VERSCHWENDUNG

Ein Sprichwort besagt: »Man ist, was man isst«. Was auf jeden Fall stimmt: Was ihr esst, also eure Ernährung, hat einen gewissen Einfluss auf den Planeten. Bei einigen Nahrungsmitteln und Arten der Landwirtschaft fällt der Einfluss allerdings größer aus.

VIEL LAND

Land mag uns endlos erscheinen, aber es bedeckt weniger als 30% des Planeten. Etwa ein Zehntel davon besteht aus eisigen Gletschern, und ein weiteres Fünftel, wie Berggipfel und Wüsten, trägt keine Nutzpflanzen. Von dem Land, was dann noch übrigbleibt, wird die Hälfte landwirtschaftlich genutzt.

Eine Studie von Greenpeace aus dem Jahr 2019 fand 100 verschiedene Pestizide in kleinen Flüssen und Kanälen in ganz Europa.

Kühe, Schafe und andere Nutztiere erzeugen fast 15% aller klimaverändernden Gase, die durch menschliche Aktivitäten entstehen (siehe Seite 30).

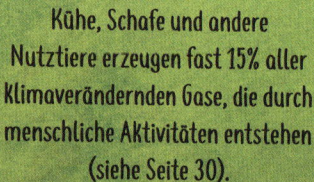

INTENSIVLANDWIRTSCHAFT

Die menschliche Nachfrage nach Lebensmitteln hat die Landwirtschaft verändert. In der Intensivlandwirtschaft werden riesige Felder bestellt und viele Chemikalien genutzt, um größere Mengen an Feldfrüchten zu produzieren. Dadurch wurden Wald- und Heckenflächen zerstört, die einst die Felder teilten und der Tierwelt ein Zuhause boten, was die Artenvielfalt verringert hat.

GIFTIGE PESTIZIDE

Pestizide sind Chemikalien, die auf Pflanzen gesprüht werden, um Unkraut zu vernichten oder Insekten, die Pflanzen fressen. Viele der darin enthaltenen giftigen Substanzen verbleiben im Boden oder werden in Flüsse gespült. Diese Chemikalien können sich in Nahrungsketten anreichern (siehe Seite 13) und viele Tiere schädigen.

NATÜRLICHE HELFER

Biolandwirte wenden Methoden an, die die Umwelt weniger belasten, wie z.B. das Anlocken von Marienkäfern zur Schädlingsbekämpfung auf den Feldern, damit keine Pestizide eingesetzt werden müssen. Sie säen auch »Begleitpflanzen« neben ihre Felder, wie z.B. Senf. Dessen leuchtende Blüten locken Insekten von den Kulturpflanzen weg. Ökologischer Landbau verursacht weniger Umweltverschmutzung, führt aber zu geringeren Ernten, sodass die Nahrungsmittel oft teurer sind.

Für Nutztiere wird dreimal so viel Land verwendet wie für den Anbau von Nutzpflanzen.

49

WAS ZUM NACHDENKEN

Obwohl Berge von Lebensmitteln produziert werden, die eigentlich ausreichen, um alle zu ernähren, hungern auf der Welt jeden Tag Menschen. Nahrung wird oft verschwendet, und der Nahrungsmittelverbrauch ist nicht gleichmäßig auf der Erde verteilt.

HUNGER AUF DER WELT

Menschen in wohlhabenden Ländern haben so viel zu essen, dass ihre größten Gesundheitsprobleme oft von Überernährung und Fettleibigkeit herrühren. Dennoch kämpfen Millionen von Menschen, meist in ärmeren Ländern, täglich um genügend Nahrung zum Überleben.

Hunger ist nicht das nagende Gefühl, das man bekommt, wenn man eine Mahlzeit ausgelassen hat – es ist ein verzweifelter Mangel an Nahrungsmitteln, die der Körper braucht, um gesund zu bleiben. Nach Angaben des Welternährungsprogramms sind 795 Millionen Menschen unterernährt – das sind fast zehnmal so viele Menschen wie in Deutschland leben. Sie erhalten nicht genügend Nährstoffe, damit ihr Körper wachsen oder Krankheiten abwehren kann. Die Statistiken zeigen erschreckende Tatsachen.

Rund 21.000 Menschen sterben jeden Tag an Hunger oder hungerbedingten Krankheiten.

Bis zu 201,3 Millionen Kinder unter fünf Jahren — mehr als doppelt so viele wie die Gesamtbevölkerung Deutschlands — leiden aufgrund von Mangelernährung unter Wachstumsstörungen oder Gesundheitsproblemen.

Unterernährung verursacht jedes Jahr den Tod von 3,1 Millionen Kindern.

HUNGER UND KLIMAWANDEL

Viele Menschen, die nur schwer an ausreichend Nahrung kommen, leben in Gebieten der Welt, die besonders anfällig für extreme Wetterereignisse wie Dürren oder Überschwemmungen sind. Naturkatastrophen werden durch den Klimawandel oft noch verschlimmert, und wenn sie häufiger auftreten, wird es für die Bauern schwieriger, wieder etwas anzubauen. So verstärkt sich die Nahrungsmittelknappheit.

EIN GERECHTERES ERNÄHRUNGSSYSTEM

Auf eurem Teller finden sich wahrscheinlich Dinge vom anderen Ende der Welt. Die unglaubliche Auswahl ist schön, aber der Transport von Lebensmitteln verbraucht fossile Brennstoffe und verursacht Treibhausgasemissionen. Gleichzeitig kann der Kauf von Lebensmitteln aus nachhaltigen Quellen Bauern in ärmeren Ländern ein lebenswichtiges Einkommen sichern. Hier sind einige Tipps, die euch helfen, euer Abendessen sowohl umweltfreundlich als auch moralisch einwandfrei zu gestalten:

- Informiert euch online über die Ursachen des globalen Hungers. Unterstützt Petitionen, die gerechtere Bedingungen für Kleinbauern auf der ganzen Welt fordern.

- Wenn ihr exotische Produkte wie Tee, Schokolade und Bananen kauft, kauft Fairtrade, um Bauern in Entwicklungsländern zu unterstützen.

- Kauft saisonale Bio-Lebensmittel von lokalen Bauernhöfen und aus anderen Quellen. Erkundigt euch online, was bei euch vor Ort gerade wächst.

- Verzichtet bei Mahlzeiten öfter auf Fleisch und befolgt die Tipps in diesem Kapitel, damit ihr weniger Lebensmittel verschwendet.

- Versucht doch mal, eigenes Obst und Gemüse anzubauen – das bedeutet nämlich null Transportkilometer! Blättert die Seite um für weitere Tipps.

PFLANZT SELBST

Selbst wenn ihr euren Rasen nicht gleich in einen Bauernhof verwandeln oder einen eigenen Garten anlegen dürft, könnt ihr trotzdem ein Beschützer mit grünem Daumen werden. Es lohnt sich, sogar winzige Menge selbst anzubauen, und macht richtig Spaß.

FANGT MIT EINEM SAMEN AN

Fragt Familienmitglieder oder Nachbarn, die gärtnern, was in eurer Gegend am besten wächst. Pflanzen wie Radieschen, Tomaten, Schnittlauch und Salatblätter wachsen alle recht schnell.

Haltet euch an das, was auf der Packung steht. Sät die Samen in Schalen und gießt sie wie angegeben. Sobald sie gekeimt und kräftig geworden sind, könnt ihr sie in Töpfe umpflanzen. Verwendet alte Blumentöpfe oder Joghurtbecher und kauft keine neuen Behälter. Ihr könnt auch eigene Töpfe aus Zeitungspapier herstellen (siehe Seite 63).

GÄRTNERN OHNE GARTEN

Wenn ihr nicht viel Platz habt, aber dennoch gärtnern wollt, versucht es doch mit einem Fensterbankgarten mit Töpfen oder kleinen Regalen auf eurem Balkon!

Ein alter Schuh-Organizer aus Leinen zum Aufhängen kann auch in einen tollen Kräuter- oder Salatgarten verwandelt werden. Füllt jede Tasche mit Kompost und gesunden Setzlingen. Lasst einen Erwachsenen einen Haken an der Wand befestigen, der das Gewicht eures mit Erde und Pflanzen gefüllten hängenden Gartens tragen kann.

Wenn ihr wirklich überhaupt keinen Platz habt, könnt ihr in den einzelnen Fächern einer alten Eierschachtel einen Mini-Kräutergarten anlegen.

EIN BESCHÜTZERLEITFADEN FÜR DEN BIOLOGISCHEN ANBAU

Baut eure Pflanzen möglichst biologisch an – dann punktet ihr so richtig als Beschützer. Dazu könnt ihr z.B. eigenen hausgemachten Kompost verwenden und auf chemische Pestizide oder Düngemittel verzichten. Hier findet ihr Ideen zum Durchstarten.

- Besprüht Blattläuse mit Wasser und legt zerbröselte Eierschalen auf die Erde nahe dem Stamm eurer Pflanzen, dann sind sie vor Schnecken geschützt.

- Rupft Unkraut heraus, anstatt Pestizide zu versprühen.

- Pilzwachstum auf euren Pflanzen haltet ihr auf, indem ihr mehrere Teelöffel Backpulver mit warmem Wasser mischt, in eine alte Sprühflasche füllt und die Pflanzen damit einsprüht. Das Backpulver erschwert das Wachstum des Pilzes, und er sollte nach und nach verschwinden.

- Die meisten Insektenschädlinge mögen keine starken Aromen. Bereitet also ein stinkendes Spray vor, um sie abzuwehren. Presst eine Knoblauchzehe und zerkleinert eine halbe Zwiebel und gebt sie in einen Liter Wasser. Lasst das Ganze 30 Minuten stehen und fügt dann einen Teelöffel Flüssigseife hinzu. Besprüht die Pflanzen, um sie zu schützen.

KOMPOSTIEREN

Beim Kompostieren sammelt man Pflanzen- und Lebensmittelabfälle und lässt sie verrotten. Die Natur recycelt so Abfälle zu etwas Nützlichem, da der dadurch entstehende Kompost mit Nährstoffen angereichert ist und ihr damit den Gartenboden verbessern und düngen könnt. Und einfach geht's auch – also probiert es gleich aus!

GROSSE VORTEILE

Durch Kompostierung werden die meisten Pflanzen- und Lebensmittelabfälle – von Obst und Gemüse bis hin zu Getreide und Grasschnitt – auf natürliche, unschädliche Weise entsorgt. Es entstehen keine großen Methanemissionen wie bei Müllhalden. Kompostieren könnt ihr zu Hause, auf Bauernhöfen und in der Schule ohne Spezialausrüstung.

In einer gewöhnlichen Komposttonne dauert es etwa einen Monat, bis die Materialien sich langsam zersetzen, und normalerweise sechs Monate bis zu einem Jahr, bis sich reifer Kompost bildet. Kompost kann über den Boden verteilt werden, wo seine Nährstoffe, wie Stickstoff und Kalium, das Wachstum der Pflanzen fördern.

Stroh, Pappe, zerrissene Zeitungen und zerquetschte Eierschalen können auch kompostiert werden.

WERDET KOMPOSTMEISTER

Im eigenen Garten könnt ihr euren eigenen Komposter bauen und so gewonnenen Kompost einsetzen, um Blumenbeeten Nährstoffe zuzuführen. Wenn ihr keinen Garten habt, könnt ihr die Kompostierung als Projekt in der Schule vorschlagen. Ihr braucht einen großen Behälter, in den ihr Lebensmittel und andere Abfälle werfen könnt. Viele Gemeinden bieten auch kostenlose Komposttonnen an.

Kompostieren funktioniert am besten, wenn die Bedingungen in der Tonne warm und feucht sind. Also wählt einen sonnigen, aber geschützten Ort. Behälter mit offenem Boden können direkt auf den Boden gestellt werden. Wenn euer Komposter einen Boden hat, breitet eine Erdschicht auf dem Boden aus. Mikroben und Würmer in der Erde helfen, den Kompostierungsprozess zu beschleunigen.

NICHT KOMPOSTIEREN!

Gebt nichts in den Kompost, was Plastik oder plastikähnliche Materialien enthält, da diese nicht zerfallen. Andere Dinge, die ihr vermeiden solltet, sind:

- Kot und Exkremente von Haustieren
- Fleischreste oder Knochen
- Milchprodukte, einschließlich Butter und Käse
- Folien-, Kunststoff- oder Metallgegenstände
- Fischhäute
- Hochglanzpapier und Zeitschriften
- Kaffeepads
- Pflanzen, die mit schädlichen Chemikalien behandelt wurden
- Teebeutel, es sei denn, die Beutel sind aus Baumwolle oder Hanf

In Deutschland werden jedes Jahr über 10 Millionen Tonnen biologisch abbaubare Abfälle wie gemähtes Gras und Lebensmittelreste kompostiert.

WERDE VEGETARIER

Vegetarier sind Menschen, die nichts essen, was mit dem Tod von Lebewesen verbunden ist, einschließlich Lebensmittel oder Zutaten aus tierischen Teilen wie Gelatine. Veganer konsumieren keinerlei tierische Produkte – also auch keinen Käse, keine Tiermilch oder Honig. Auch wenn ihr euch nicht komplett vegetarisch ernähren wollt, könnt ihr etwas bewirken, indem ihr weniger Fleisch esst.

KEIN FLEISCH MEHR

Menschen verzichten aus verschiedenen Gründen auf den Verzehr tierischer Produkte, unter anderem wegen ihrer Religion oder aus Sorge um den Tierschutz. Viele werden zu Vegetariern oder essen weniger Fleisch, da die Fleischproduktion der Umwelt schadet.

Rund 56 Milliarden Tiere werden jedes Jahr für ihr Fleisch getötet. Solange sie noch leben, verbrauchen sie einen riesigen Teil der Ressourcen der Erde. Nach Angaben des *American Journal of Clinical Nutrition (Amerikanische Zeitschrift für klinische Ernährung)* benötigt ein typischer amerikanischer »Fleischesser« für seine Ernährung 17-mal mehr Land, 14-mal mehr Wasser und 10-mal mehr Energie als ein Vegetarier.

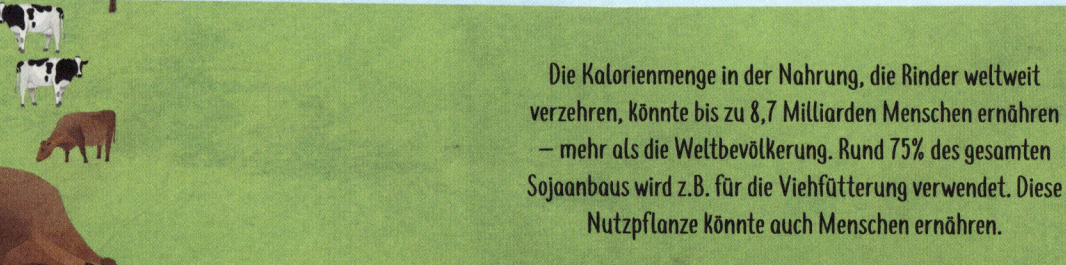

Die Kalorienmenge in der Nahrung, die Rinder weltweit verzehren, könnte bis zu 8,7 Milliarden Menschen ernähren — mehr als die Weltbevölkerung. Rund 75% des gesamten Sojaanbaus wird z.B. für die Viehfütterung verwendet. Diese Nutzpflanze könnte auch Menschen ernähren.

Für die Produktion von Fleisch wird mehr Wasser benötigt als für die Produktion von Gemüse. Für die Produktion von 1 kg Kartoffeln werden rund 287 Liter benötigt, für die Produktion von 1 kg Rindfleisch dagegen 15.400 Liter.

Eine Studie der Universität Oxford aus dem Jahr 2018 ergab, dass 83% der gesamten landwirtschaftlichen Nutzfläche für die Tierzucht genutzt werden. Dennoch produzieren sie nur 18% aller Kalorien, die der Mensch weltweit zu sich nimmt.

VERSUCHT'S DOCH MAL

Vegetarisches Essen kann genauso spannend, nahrhaft und abwechslungsreich sein wie Essen mit Fleisch. Mit Sicherheit esst ihr schon fleischlose Mahlzeiten – sei es eine leckere Pizza Margherita oder eine Ofenkartoffel mit Bohnen. Hier findet ihr noch ein paar Ideen, wie ihr euren Fleischkonsum reduzieren und einige leckere, gesunde Mahlzeiten genießen könnt:

- Bittet eure Eltern, fleischlose Alternativen auszuprobieren, z.B. Gemüseburger oder Sojastückchen.

- Montag bleibt fleischfrei! An dem Tag kocht ihr mit eurer Familie vegetarisch.

- Große Portobello-Pilze, gegrillt oder gebraten, mit Rote-Bete-Scheiben, Tomaten und Käse sind super lecker als Sandwich.

- Nehmt euch in die Schule ein fleischloses Pausenbrot mit, indem ihr den Schinken in eurem Sandwich durch Käse ersetzt oder Falafel in Pitabrot füllt .

- Kocht leckere gebratene Nudeln und ersetzt das Hühner- oder Schweinefleisch durch Pilze, Zucchinistücke und Cashewnüsse.

IN DEN MÜLLEIMER

Es ist nicht nur wichtig, was man isst. Jedes Mal, wenn ihr eine überreife Melone oder eine braune Banane wegwerft, tragt ihr zu einer überraschend GROSSEN Sache bei. Die Ernährungs- und Landwirtschaftsorganisation der Vereinten Nationen schätzt, dass ein Drittel aller Lebensmittel, die für die Menschen produziert werden, nie gegessen wird. Dieser enorme Verlust entspricht mehr als 3,5 Millionen Tonnen Nahrungsmittel pro Tag.

In den Industrienationen werden pro Person bis zu 10-mal mehr Nahrungsmittel verschwendet als in den Entwicklungsländern. Allein die in Europa verschwendeten Nahrungsmittel könnten bis zu 200 Millionen Menschen ernähren. Zusätzlich werden Ressourcen verschwendet, da all diese nicht verzehrten Lebensmittel auf irgendeine Weise entsorgt werden müssen. In Großbritannien werden 18 Millionen Tonnen Lebensmittelabfälle – das Gewicht von 120 Einfamilienhäusern – auf Deponien entsorgt.

WELCHE NAHRUNGSMITTEL WERDEN ALSO TÄGLICH VERSCHWENDET UND NICHT GEGESSEN?

45 % von allem Obst und Gemüse

35% aller Fische und Meeresfrüchte

HUNGRIG NACH VERÄNDERUNG?

Zur Abfallreduzierung hilft es, Lebensmittel wie jedes andere Produkt zu betrachten (erinnert euch an die »Abfallpyramide« auf Seite 18). Am allerbesten kauft ihr nicht zu viel und kocht nicht zu viel. Eine gute Lagerung hält Nahrungsmittel länger frisch – Müsli und Kekse packt ihr am besten in luftdichte Behälter.

ESSENSRESTE

Essensreste aus einer früheren Mahlzeit zu verbrauchen gehört ganz klar zur Beschützer-Ernährung! Bei der Zubereitung einer Mahlzeit verbraucht ihr bereits Zutaten, Zeit und Energie, also ist es ganz schön klug, diese Lebensmittel wiederzuverwenden und sie in etwas Neues, Leckeres zu verwandeln. Stellt euch der Herausforderung: Einmal pro Woche gibt's in eurer Familie leckeres Reste-Essen. Am Rand der Seite findet ihr Ideen, die euch den Einstieg erleichtern.

Alte Kartoffeln können püriert und dann mit gehackten Zwiebeln, geschnittenem Kohl und Kräutern zu einem leckeren Kartoffelkuchen gebraten werden.

Nicht mehr ganz frisches Brot kann mit Tomatenpüree, Gemüse und Käse überbacken werden. So wird es ganz einfach zu einer Pizza.

Überreife Bananen können geschält, in Gefrierbeutel verpackt und eingefroren werden, um sie später für gesunde Smoothies zu verwenden.

30% des Getreides, wie Weizen und Mais

20% des Fleisches

20% der Milchprodukte

VERPACKUNGS-PROBLEME

Ihr seid im Kampf gegen die Nahrungsmittel-verschwendung auf einem guten Weg. Aber er endet nicht mit dem, was ihr nicht esst. Abfall umgibt oft schon die Lebensmittel, die ihr kauft – in Form von Verpackungen.

LEBENSMITTELVERPACKUNGEN

Millionen Kilogramm Lebensmittelverpackungen werden jedes Jahr zu Abfall. Im Jahr 2015 fielen in der Europäischen Union pro Person durchschnittlich 167 kg Verpackungsabfälle an – das Gewicht von zwei Männern. Ein Großteil davon sind Lebensmittelverpackungen, von Plastikschalen bis hin zu Teebeuteln, die in Papier eingepackt und in einem Pappkarton untergebracht sind.

Einige Verpackungen sind für die Handhabung und den Transport von Lebensmitteln erforderlich. Eier, die z.B. auf Lastwagen transportiert werden, würden ohne Karton zerbrechen. Verpackungen können Lebensmittel auch konservieren, indem sie sie bis zu ihrer Verwendung frisch halten. Viele Verpackungen sind jedoch nicht notwendig und dienen oft nur dazu, das Produkt für die Kunden attraktiver zu machen.

Bestimmte Lebensmittel werden in einem Material-mix verpackt, von dem nur ein Teil wiederverwertet werden kann. Diese Pappschale z.B. kann recycelt werden, die Einweg-Kunststoffhülle um sie herum jedoch nicht.

Verwendet Papiertüten zum Transport von losem Obst oder Gemüse wieder und transportiert schweres Gemüse, wie Kartoffeln, in einer wiederverwendbaren Stofftasche.

WÄHLT NACH VERPACKUNG AUS

Wenn ihr im Supermarkt die Wahl habt, denkt nach, bevor ihr etwas kauft. Sollte es ohne Verpackung gar nicht gehen, prüft, ob sie ein Recycling-Logo aufgedruckt hat.

Recycling-Logos variieren, aber die gebräuchlichste Version – bekannt als das »Allgemeine Recycling-Symbol« – sieht so aus.

Marktstände und Naturkost- und Bioläden verkaufen oft viele Artikel lose. Ihr könnt eure eigenen wiederverwendbaren Behälter mitbringen, in dem die gekauften Lebensmittel aufbewahrt und nach Hause transportiert werden.

WERDET ABFALLKRIEGER

Fordert euch selbst heraus, die Menge der Lebensmittelverpackungen, die in einer Woche bei euch weggeworfen wird, zu reduzieren. Wiegt die Menge an Lebensmittelverpackungen – wie Dosen, Flaschen, Schachteln und Plastikbehälter –, die bei eurer Familie in einer normalen Woche anfällt. Reduziert in der folgenden Woche die Menge an Verpackungen und nutzt dabei die Tipps auf dieser Seite. Wiegt den Verpackungsabfall am Ende der zweiten Woche, um zu sehen, wie viel ihr gespart habt – ein Viertel oder mehr ist großartig!

Trinkt Wasser aus dem Wasserhahn, statt Plastikflaschen zu kaufen.

Verdünnt Fruchtsaftkonzentrat oder Sirup mit Leitungswasser, anstatt Limo aus Dosen zu trinken. Aus einer Flasche Konzentrat gewinnt ihr mehr Getränke bei viel weniger Verpackungsgewicht.

PLANETFREUNDLICHE LEBENSMITTELIDEEN

Eure Ausbildung im Bereich der Lebensmittelabfälle ist fast abgeschlossen. Wie gezeigt, könnt ihr jede Menge tun, um genussvolle Mahlzeiten zuzubereiten und gleichzeitig den Planeten weniger zu belasten. Hier sind ein paar lustige Ideen und Projekte, die ihr noch ausprobieren könnt.

Besucht ein veganes oder vegetarisches Restaurant oder Lebensmittelgeschäft. Hier könnt ihr euch über das riesige Angebot an fleischlosen Mahlzeiten informieren und vielleicht Anregungen für die eigene Küche erhalten.

Benutzt eine Brotbox aus Plastik, dann müsst ihr keine Plastik- und Papiertüten mehr wegwerfen. Verschönert sie mit eurem Namen oder mit Aufklebern, dann sieht die Box garantiert schick aus.

Einfach mal deinen Eltern beim Einkauf helfen? Macht ein Foto von dem, was im Kühlschrank steht, bevor ihr loszieht. So habt ihr den Überblick und stellt sicher, dass nichts verschwendet wird.

Kauft Joghurt in Gläsern anstelle von Plastikbechern. Da die Gläser wiederverwendbar sind, spart ihr so jede Menge Plastik-Verpackungsmüll.

Bringt eure Familie dazu, sich für eine regelmäßige Gemüsekistenlieferung anzumelden und lokale Biobauern zu unterstützen.

UMWELTFREUNDLICHE BLUMENTÖPFE

Für dieses Projekt dürft ihr all eure Grüner-Daumen- und Recycling-Fähigkeiten auffahren! Alles, was ihr braucht, sind etwas alte Zeitung, Gartenschnur und ein großes Glas mit einer Vertiefung im Boden – dann könnt ihr selbst diese praktischen, biologisch abbaubaren Blumentöpfe herstellen! Ihr könnt sie für eure eigenen Mini-Kräuter- und Gemüsegärtchen verwenden.

Bittet einen Gärtner, euch beizubringen, wie man Stecklinge von Pflanzen nimmt, um aus alten Pflanzen neue zu machen. Pflanzen wie Tomaten, Paprika und Basilikum können aus Stecklingen leicht in euren umweltfreundlichen Töpfen gezogen werden.

1. Faltet ein Stück Zeitung der Länge nach auf die Hälfte. Rollt es einige Male um das Glas und lasst etwa 4-5 cm übrig, die fest unter dem Glasboden eingeklemmt werden können.

2. Befestigt es mit Klebeband und bindet ein Stück Gartenschnur um die Seiten der Zeitung. Schiebt euren fertigen Topf vom Glas.

3. Füllt euren Topf mit Kompost und bepflanzt ihn mit Samen. Stellt ihn auf einem Tablett an einen sonnigen Platz im Haus auf und gießt ihn regelmäßig, aber immer nur ganz wenig, damit das Wasser nicht unten rausläuft. Stellt am besten eine Untertasse drunter.

4. Sobald eure Setzlinge gut wachsen, kann der Topf in euren Garten oder in einen größeren Topf gepflanzt werden (entfernt zuerst die Schnur und das Klebeband). Die Zeitung verrottet auf natürliche Weise.

KAPITEL 4

WIR SPAREN WASSER

Wasser ist etwas, über das ihr wahrscheinlich nicht viel nachdenkt. Wenn ihr den Wasserhahn aufdreht, fließt in der Regel frisches, sauberes Wasser heraus. Aber die Wasserverteilung auf unserer Erde ist nicht gleich. Umweltverschmutzung und Wasserverschwendung haben das Problem verschlimmert, und einige Vorkommen sind stark gefährdet. Wassersparer werden dringend benötigt.

WARUM IST WASSER SO WICHTIG?

Im Idealfall trinkt ihr täglich 2 Liter Wasser, um gesund zu bleiben. Wasser hilft dem Körper, die Temperatur zu regulieren, Nährstoffe zu transportieren, Abfallstoffe auszuspülen und noch vieles mehr.

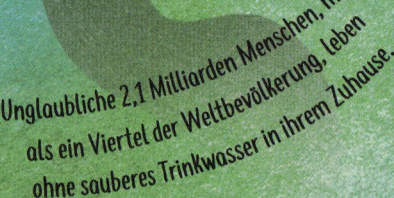

Unglaubliche 2,1 Milliarden Menschen, mehr als ein Viertel der Weltbevölkerung, leben ohne sauberes Trinkwasser in ihrem Zuhause.

UNSAUBER UND UNTAUGLICH

Menschen sind auf Wasser angewiesen, um Landwirtschaft zu betreiben und durch Kanalisationssysteme sauber und gesund zu bleiben. Durch schlechte Abwassersysteme werden Flüsse, Seen und Brunnen mit menschlichen und tierischen Abfällen verunreinigt oder durch von der Industrie eingeleitete Chemikalien verseucht. Durch schmutziges Wasser verbreiten sich auch tödliche Krankheiten wie Cholera, Ruhr und Polio.

Nach Angaben der Weltgesundheitsorganisation sind Durchfallerkrankungen, die durch unsauberes Wasser und schlechte sanitäre Einrichtungen verursacht werden, für bis zu 842.000 Todesfälle pro Jahr verantwortlich.

MANGELWARE

Etwa drei Zehntel des Süßwassers der Erde liegen unterirdisch. Die Menschen erschließen es durch das Graben von Brunnen, aber in Teilen der Welt sind diese Wasserquellen gefährdet; das Wasser aus mehr als der Hälfte der Brunnen in Indien wird schneller verbraucht, als es ersetzt werden kann.

Der Klimawandel wirkt sich auch auf die Wasserversorgung aus. So ist beispielsweise seit den 1980er-Jahren mehr als ein Viertel des Quelccaya-Eisschildes in Peru geschmolzen. Ein weiterer Rückgang könnte für Tausende von Menschen, die in der Nähe leben, den Verlust ihrer Trinkwasserversorgung bedeuten.

WASSERVERSCHWENDUNG

Etwa 97,5 % des Wassers auf der Welt ist zu salzig für den menschlichen Gebrauch, was bedeutet, dass das frische Wasser aus dem Wasserhahn wirklich kostbar ist. Aber der Wasserverbrauch eurer Familie ist wahrscheinlich recht hoch. Mit diesen praktischen Tipps könnt ihr das Problem direkt angehen.

In der Zeit, die ihr braucht, um bis zehn zu zählen, schickt ein aufgedrehter Wasserhahn in der Küche 1,5 Liter sauberes Wasser direkt den Abfluss runter. Verwendet beim Spülen immer einen Stöpsel!

Wascht euer Obst und Gemüse nicht unter kaltem Wasser aus dem Hahn. Füllt stattdessen eine kleine Schüssel mit Wasser und wascht sie darin.

In Deutschland verbraucht jeder Mensch am Tag durchschnittlich 125 Liter Wasser – der jährliche Wasserverbrauch von nur 54 Personen würde damit ein Schwimmbad von olympischer Größe leeren.

REINIGUNGSKOSTEN

Waschmaschinen sind wunderbar, aber sie verbrauchen viel Wasser; 6–14 Liter für jedes Kilogramm Kleidung sind die Regel. Eine große Waschmaschine verbraucht also ca. 160 Liter für eine einzige Füllung. Deshalb zählt jede Wäsche.

💧 Wenn euer Hemd oder die Shorts noch ganz okay sind und noch nicht zum Himmel stinken, könntet ihr sie nochmal zum Sport tragen, bevor's in die Wäsche geht.

💧 Ermutigt eure Familie, bei der Waschmaschine genau aufzupassen: Ihr solltet sie erst dann einschalten, wenn eine volle Ladung zum Waschen bereit ist.

💧 Wenn ein Kleidungsstück grundsätzlich sauber ist und nur einen kleinen Fleck aufweist, dann rubbelt ihn mit etwas Wasser aus einer Tasse ab.

💧 Wenn euer Lieblingshemd oder -rock schmutzig ist und ihr das Teil dringend braucht, könnt ihr es in einer kleinen Schüssel mit lauwarmem Wasser und einem Teelöffel Waschmittel von Hand waschen.

Das Kochen von Gemüse in einem Dampfgarer verbraucht weniger Wasser als normales Kochen. Für das Backen im Ofen wird noch weniger Wasser benötigt!

Stellt einen Krug mit Wasser in den Kühlschrank. So bleibt das Wasser immer kühl und ihr müsst es nicht aus dem Hahn laufen lassen, bis es kalt ist.

WAHRHEITEN ÜBER ZUHAUSE

Auf Kochen, Abwaschen und Trinkwasser entfallen etwa 20% des gesamten Haushaltswasserverbrauchs. Im Badezimmer finden sich die größten Verschwender, hier werden fast 70% des Wassers eines typischen Haushalts verbraucht. Die hier verbrauchte Wassermenge lässt sich mit ein paar Tricks leicht reduzieren. Hier findet ihr Tipps, um im Badezimmer Wasser zu sparen.

HÄHNE

Wasserhähne fest zudrehen.

Ein tropfender Wasserhahn kann 1 Liter Wasser pro Stunde verschwenden – das sind 8.760 Liter pro Jahr.

ZÄHNE

Zähne bei laufendem Wasser putzen, verbraucht bis zu 12 Liter pro Minute. Dreht während des Putzens den Wasserhahn zu und füllt zum Ausspülen ein Glas Wasser ab.

TEMPERATUR

Wenn ihr das Wasser bei einem Wasserhahn mit einer Mischbatterie abkühlen wollt, dreht den Heißwasserhahn nach unten, nicht den Kaltwasserhahn nach oben. Das spart Energie und Wasser!

BADEWANNEN

Bäder verbrauchen in der Regel 75–90 Liter Wasser. Nehmt stattdessen eine Dusche – aber lest vorher die Tipps auf der nächsten Seite!

TOILETTE

Spült im Klo nur dann, wenn es notwendig ist. Viele Menschen spülen ihre Toilette nicht nach jedem Pipi, um Wasser zu sparen.

KÜRZERE DUSCHEN

Duschen verbraucht viel weniger Wasser als Baden, aber nur, wenn man nicht trödelt. Einige starke Power-Duschen verbrauchen 13–16 Liter Wasser pro Minute, sodass der Wasser- (und Energie-) Verbrauch sich summieren kann.
Probiert es aus:

1. Stoppt, wie lange ihr zum Duschen braucht. Haare und Körper sollten in fünf Minuten zu waschen sein!

2. Ermutigt eure Familie auch dazu, kürzer zu duschen.

3. Stellt einen Eimer unter die Dusche, während ihr darauf wartet, dass das Wasser warm wird – das so gesammelte Wasser kann zum Gießen von Pflanzen oder zum Putzen verwendet werden.

Etwa 25% des Wasserverbrauchs eines ganzen Hauses entfallen aufs Duschen. In den USA z.B. werden jedes Jahr 4,5 Billionen Liter Wasser weggeduscht.

Hängt Handtücher zum Trocknen auf, dann könnt ihr sie länger benutzen und sie werden nicht unnötig gewaschen.

EUER WASSER-FUSSABDRUCK

Wenn wir uns überlegen, wie sehr wir die Umwelt beeinflussen, denken wir oft an unseren CO_2-Fußabdruck – also daran, wie viele Treibhausgasemissionen unser Handeln verursacht. Beim Wasser ähnlich vorzugehen hilft dabei, herauszufinden, wie ihr durch euer Handeln Wasser sparen könnt.

WASSER, WASSER ÜBERALL

Dabei geht es nicht nur um das Wasser, das ihr trinkt oder wegspült. Für alle Dinge, die ihr konsumiert, wurde bei ihrer Herstellung Wasser verbraucht. Die benötigten Mengen sind zum Teil schockierend. Für die Herstellung eines einzigen Smartphones werden nach Angaben von Friends of the Earth z.B. etwa 160 Badewannen voll benötigt.

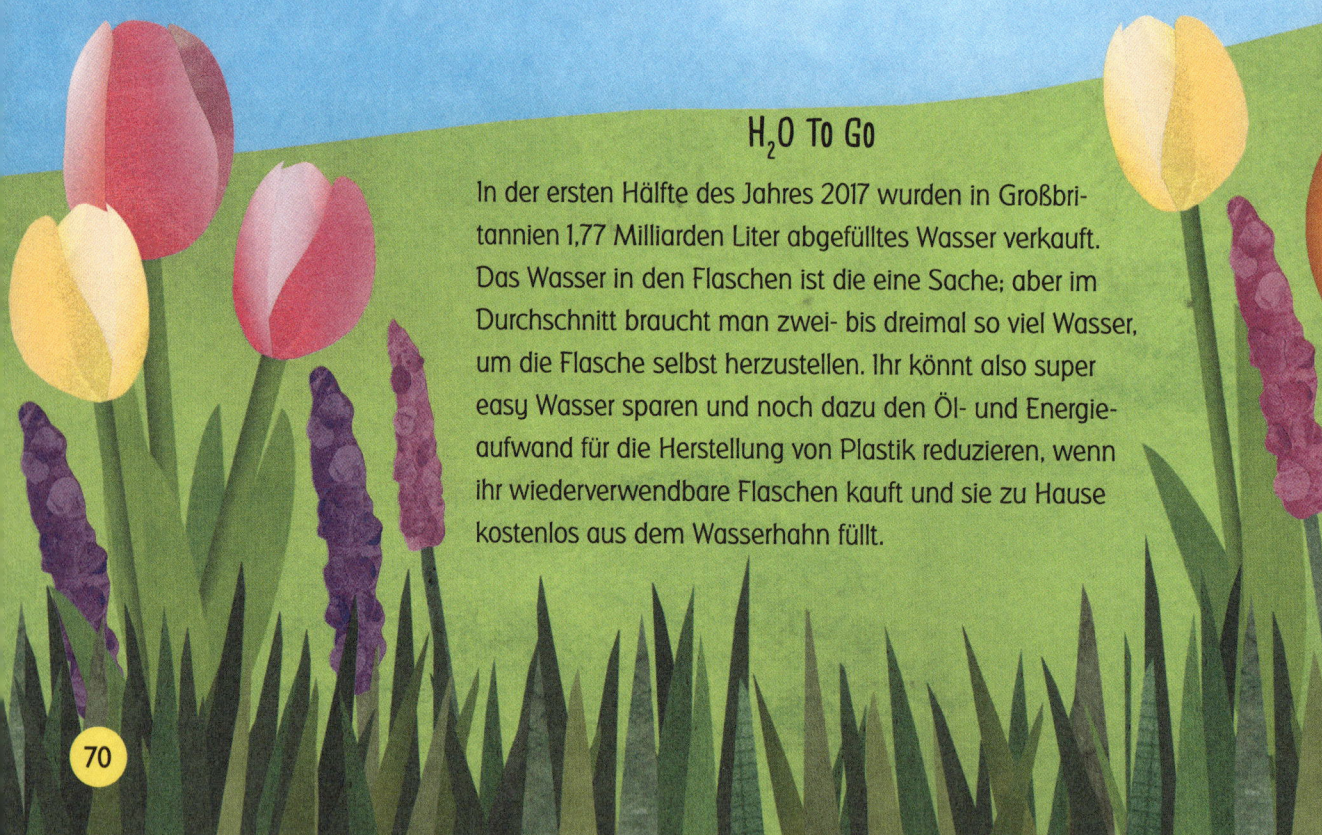

H_2O To Go

In der ersten Hälfte des Jahres 2017 wurden in Großbritannien 1,77 Milliarden Liter abgefülltes Wasser verkauft. Das Wasser in den Flaschen ist die eine Sache; aber im Durchschnitt braucht man zwei- bis dreimal so viel Wasser, um die Flasche selbst herzustellen. Ihr könnt also super easy Wasser sparen und noch dazu den Öl- und Energieaufwand für die Herstellung von Plastik reduzieren, wenn ihr wiederverwendbare Flaschen kauft und sie zu Hause kostenlos aus dem Wasserhahn füllt.

WUNDER DES WASSERKREISLAUFS

Wasser wird im Wasserkreislauf zwischen der Erdoberfläche und der Atmosphäre recycelt. Während des Kreislaufs verdunstet Wasser aus dem Boden und von Wasseroberflächen. Es gelangt als Wasserdampf in die Atmosphäre und fällt als Regen, Graupel oder Schnee auf die Erde zurück. Mit diesem Wissen könnt ihr eine ganze Menge Wasser im Freien sparen.

WIR BAUEN EINE TONNE

Regen kann von Dächern in Wassertonnen oder -kollektoren geleitet und dann im Garten oder zum Waschen von Fahrrädern und Autos verwendet werden. Ihr könnt leicht eigene Regentonnen herstellen, indem ihr einen großen, alten Plastik-Mülleimer unter die Dachrinne stellt. Lasst einen Erwachsenen oben ein Loch für das Abflussrohr bohren und baut in der Nähe des Bodens einen Wasserhahn ein.

Wenn jedes Haus in Frankreich nur eine Wassertonne Wasser sammeln würde, könnten gigantische 4.560.000.000 Liter kostenloses, frisches Wasser aufgefangen werden.

Euer Garten braucht ein Tröpfchen? Dann nutzt eure Tonne und füllt eure Gießkanne dort mit Wasser, statt einen Schlauch oder Sprinkler zu verwenden. Sprinkler verschwenden große Wassermengen; selbst ein kleiner Sprinkler kann 1.000 Liter Wasser pro Stunde verbrauchen.

Je heißer es ist, desto schneller verdunstet das Wasser. Deshalb gießt ihr Pflanzen am besten morgens oder abends, wenn die Temperaturen niedriger sind. So verdunstet weniger Wasser und mehr kann in den Boden sickern.

WASSER-VERSCHMUTZUNG

Wasser zu sparen, ist ein guter Anfang. Aber Umweltverschmutzung kann lebensspendendes Wasser in eine schädliche Gefahr verwandeln. Sie kann das Wasser eines Sees, eines Flusses oder eines Brunnens verunreinigen, ganze Gemeinschaften ihrer Wasserversorgung berauben und sie mit Krankheiten bedrohen.

Das betrifft nicht nur Menschen. Laut National Geographic ist mehr als ein Fünftel der 10.000 bekannten Arten von Süßwasserfischen entweder ausgestorben oder vom Aussterben bedroht. Vieles davon ist auf verschmutzte Gewässer zurückzuführen.

IN KOCHENDEM WASSER

Heißes Wasser klingt erst einmal nicht nach Verschmutzung. Es erwärmt aber das Fluss- oder Seewasser (man bezeichnet das als »thermische Verschmutzung«). Dadurch verringert sich die Sauerstoffmenge, die das Wasser aufnehmen kann, und Fische, die einen bestimmten Sauerstoffgehalt zum Überleben benötigen, sterben. Kraftwerke und Fabriken sind hier die größten Verursacher.

MINENZEIT

Der Bergbau nutzt große Mengen an Wasser und manchmal giftige Chemikalien, um bestimmte Metalle aus den felsigen Erzen zu gewinnen. Diese gelangen oft versehentlich oder durch illegale Entsorgung in die Wasserversorgung. Diese Art der Verschmutzung wird als saure Grubenwässer bezeichnet.

Im Jahr 2018 fing der stark verschmutzte Bellandur-See in Indien Feuer, brannte 30 Stunden lang und verbreitete über 9 Kilometer weit Asche.

AGRARSCHADEN

Chemische Pestizide und Düngemittel können in Flüsse und andere Wasserquellen abfließen. Sie können Wildtiere töten oder eine starke Algenbildung verursachen, die das Leben in einem Fluss oder See erstickt.

KLO-VERSCHMUTZUNG

In vielen Ländern werden Toilettenabfälle sorgfältig gefiltert, um schädliche Substanzen aus der Wasserversorgung zu entfernen. In ärmeren Ländern und Entwicklungsländern werden jedoch mehr als 80% der menschlichen Abfälle unbehandelt in Flüsse, Seen oder ins Meer geleitet.

WAS WIRD GETAN?

Aufräumkampagnen helfen auf jeden Fall. 1957 war die Themse in London, Großbritannien, so verschmutzt, dass sie biologisch für tot erklärt wurde. Durch Aufräumaktionen gelang es, dass bis heute 125 verschiedene Fischarten und Robben zurückkehrten. Im Jahr 2017 startete China 8.000 Reinigungsaktionen für Flüsse und Seen, während andere Länder das Entsorgen schädlicher Substanzen im Wasser verbieten

SAUBER UND GRÜN

Der Versuch, einen riesigen Fluss oder See von all seinen Schadstoffen zu befreien, mag als aussichtslose Aufgabe erscheinen. Aber als Wassersparer könnt ihr viel tun, um einen kleinen, aber entscheidenden Beitrag zu leisten.

DEN ABFLUSS RUNTER

Eure Küche oder euer Bad ist ein prima Ort, um durchzustarten. Passt auf, was ihr den Abfluss herunterspült. Manche glauben, dass etwas verschwunden ist, nur weil es nicht mehr zu sehen ist. Aber das stimmt einfach nicht. Ins Abwassersystem geleitete Schadstoffe verlagern das Problem nur.

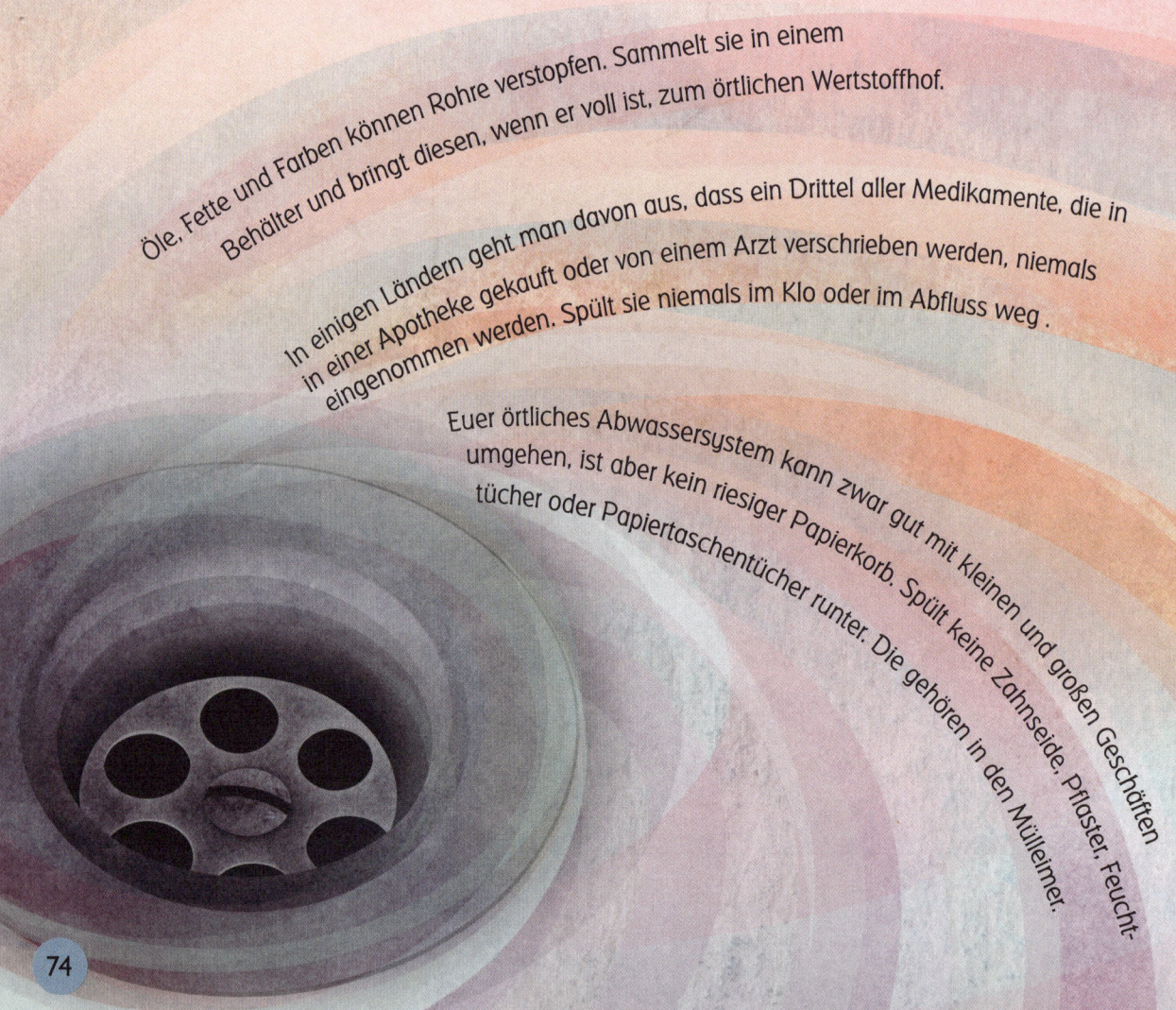

Öle, Fette und Farben können Rohre verstopfen. Sammelt sie in einem Behälter und bringt diesen, wenn er voll ist, zum örtlichen Wertstoffhof.

In einigen Ländern geht man davon aus, dass ein Drittel aller Medikamente, die in einer Apotheke gekauft oder von einem Arzt verschrieben werden, niemals eingenommen werden. Spült sie niemals im Klo oder im Abfluss weg .

Euer örtliches Abwassersystem kann zwar gut mit kleinen und großen Geschäften umgehen, ist aber kein riesiger Papierkorb. Spült keine Zahnseide, Pflaster, Feuchttücher oder Papiertaschentücher runter. Die gehören in den Mülleimer.

WAS KÖNNT IHR TUN?

Einige Reinigungs- und Kosmetikprodukte enthalten Stoffe, die schädlich sind, wenn sie in die Wasserversorgung gelangen. Glücklicherweise produzieren viele Unternehmen umweltfreundliche Alternativen, aber es ist oft superleicht, eigene grüne und ungiftige Versionen herzustellen:

- Ein Spritzer Zitronensaft in etwas warmem Wasser ergibt einen grandiosen Fensterreiniger. Weißer Essig, der in einer Sprühflasche mit Wasser vermischt wird, eignet sich hervorragend zur Reinigung von Oberflächen und Spülbecken.

- Wusstet ihr, dass Backpulver Gerüche neutralisiert? Ein Teelöffel in einer kleinen Schüssel im Kühlschrank platziert, kann üble Gerüche aufnehmen. Funktioniert übrigens auch bei müffelnden Turnschuhen. Streut einfach etwas davon in die Schuhe, lasst sie über Nacht stehen und leert sie morgens aus: frisch!

- Vermischt einen Esslöffel Olivenöl, einen Teelöffel Honig und ein Eigelb sehr gründlich, dann erhaltet ihr eine natürliche Haarkur. Auftragen, 30 Minuten einwirken lassen und dann ausspülen.

- Recycelt Reststücke von Seifen. Raspelt sie klein, holt einen Erwachsenen zu Hilfe, der einen Topf mit ein paar Tassen Wasser zum Kochen bringt, und schaltet dann den Herd aus. Fügt nach und nach die geriebene Seife hinzu. Rührt um, bis sie schmilzt und die gewünschte Konsistenz hat, und lasst sie abkühlen. Dann könnt ihr sie in eine alte Seifenspenderflasche füllen und gebrauchsfertig neben die Spüle stellen.

SCHADEN AM LEBENSRAUM

Müll einfach irgendwo hinzuwerfen oder abzuladen, kann unsere Wasserquellen in gleichem Maße schädigen wie die Verschmutzung durch Fabriken. Säure aus Batterien, die in Flüsse gekippt werden, kann in das Wasser austreten. Weggeworfenes Plastik, wie Tüten und Angelschnüre, kann Tiere töten, während Kaugummi an Fell oder Federn haften bleiben und das Tier sich nicht mehr säubern kann.

DOSEN-KATASTROPHE

In Flüsse und Teiche gekippte Getränkedosen können Tiere verletzen und Wasserwege blockieren. Schlimmer noch sind die Plastikringe, die Dosenpackungen zusammenhalten. Zwar bestehen viele von ihnen inzwischen aus biologisch abbaubarem Kunststoff, aber der Abbau geht nicht schnell genug, und die Ringe töten immer noch eine große Zahl von Lebewesen. Vögel und Säugetiere können durch die Schnüre erwürgt werden oder sich so in den Ringen verfangen, dass sie sich nicht mehr bewegen können und verhungern.

HANDELT

Viele Kanäle, Flüsse und Teiche wuchern zu, verschmutzen und werden als Müllkippe benutzt. Warum organisiert ihr nicht eine Aufräumaktion in eurer Nähe?

Schaut euch den Bereich für die Aufräumaktion mit einem Erwachsenen an und nehmt Stift und Papier mit, um Probleme aufzulisten. Erstellt eine Karte der sicheren Bereiche, in denen ihr arbeiten könnt.

Tragt festes Schuhwerk und Kleidung, die den ganzen Körper bedeckt und vor Pflanzen schützt, die stechen oder brennen.

Tragt beim Müllsammeln dicke Gartenhandschuhe. Achtet auf Glasscherben und andere Gegenstände, die euch verletzen können. Bittet einen Erwachsenen, alles aufzusammeln, was scharf oder gefährlich ist.

Sortiert den Müll vor Ort nach verschiedenen Materialien und in farblich gekennzeichnete Behälter oder Müllsäcke. So kann er leicht zum Wertstoffhof gebracht werden.

Zum Herausfischen von Müll können Abfallgreifer oder Teichnetze verwendet werden.

Bittet einen Erwachsenen, beim Transport größerer Gegenstände wie Möbel, alte Fahrräder und Koffer zu helfen.

Entfernt Unkraut, das andere Pflanzen erstickt oder das Wasser am Fließen hindert. Achtet jedoch darauf, keine einheimischen Pflanzen oder überhängende Zweige zu entfernen, die Schatten spenden.

Wenn die Ufer kahl sind, pflanzt geeignete Gräser und Sträucher an. Diese festigen den Boden und spenden Schatten. Lasst auch Samen ins Wasser fallen, damit die Fische sie fressen können.

Macht vor und nach dem Aufräumen Fotos, um sie in der Schule zu zeigen.

Feiert den Weltwassertag am 22. März, indem ihr eine Aufräumaktion organisiert. Viele weitere Aktivitäten findet ihr auf der Internetseite zum Weltwassertag.

KAPITEL 5

WIR BEWAHREN KÜSTEN UND MEERE

Unsere Meere sind fantastisch. Sie enthalten über 96% des Wassers auf der Erde und bieten Milliarden von Lebewesen ein Zuhause und Nahrung. Ozeane sind auch ein wichtiger Teil des Wasserkreislaufs und tragen dazu bei, das Klima und das Wetter auf dem Planeten zu kontrollieren. Diese einzigartigen und empfindlichen Lebensräume brauchen Beschützer.

Die Ozeane sind voller Leben — vom mikroskopisch kleinen Plankton bis zum Blauwal, dem größten Lebewesen, das jemals auf der Erde gelebt hat.

Durch das Forschungsprojekt Census of Marine Life wurden etwa 250.000 Arten identifiziert, die in den Ozeanen leben. Aber man geht davon aus, dass es noch viel, viel mehr gibt.

Winzige, einzellige Organismen, Phytoplankton genannt, produzieren zusammen mit anderen Meerespflanzen die Hälfte des gesamten Sauerstoffs in der Erdatmosphäre.

Die Ozeane absorbieren mehr als die Hälfte der Wärme, die die Erde von der Sonne erreicht. Ihre Strömungen laufen über Tausende von Kilometer und unterbrechen die Wärmeflüsse rund um die Welt.

Rund 90% des gesamten Welthandels, der Waren und Rohstoffe werden per Schiff transportiert.

Rund 90 Millionen Tonnen Fisch und Meeresfrüchte werden jedes Jahr aus den Ozeanen gezogen.

CO_2 löst sich in Wasser auf, und die Meere nehmen große Mengen an CO_2 aus der Atmosphäre auf. Ohne sie würde die globale Erwärmung noch schneller voranschreiten.

Am Meer genießen viele Urlaub und Spaß. Einige Inselstaaten, wie die Malediven und die Bahamas, sind für ein bis zwei Fünftel ihres gesamten Einkommens auf den Küstentourismus angewiesen.

MEERESVERSCHMUTZUNG

Ozeane sind schöne Orte, aber sie werden seit Jahrhunderten als schwimmende Mülltonnen genutzt. Als es noch weniger Menschen auf der Erde gab, konnten die Ozeane das verkraften. Aber die heutigen Bevölkerungszahlen und die großen Industrien belasten sie stark.

PESTIZIDE

Nach Angaben des US National Ocean Service stammen vier Fünftel der Verschmutzung, die die Ozeane erreicht, vom Land. Dazu gehören große Mengen an Pestiziden, die vom Ackerland in die Flüsse gespült werden.

CHEMIKALIEN

Einige Industrien kippen Abfälle direkt ins Meer. Dazu können gefährliche Chemikalien wie Blei, Quecksilber und verschiedene Säuren gehören.

TODESZONEN

In vielen Teilen der Welt werden menschliche Abfälle direkt ins Meer geleitet. Das Abwasser kann »Todeszonen« schaffen – Bereiche des Ozeans, die wenig oder gar keinen Sauerstoff enthalten, was bedeutet, dass dort Leben kaum mehr möglich ist.

ABFLUSSSCHADEN

Andere Verschmutzungen, die in den Ozean gelangen, sind Fahrzeugöl und Bleichmittel, die in die Kanalisation gekippt werden.

DA BAUT SICH WAS AUF!

Dieses Diagramm zeigt, wie sich die Verschmutzung auf die Nahrungsketten der Ozeane auswirken kann:

1. Plankton im Meerwasser absorbiert die umweltschädlichen Chemikalien bei der Nahrungsaufnahme.

2. Plankton wird in großen Mengen von kleinen Fischen und anderen Lebewesen gefressen. Die giftigen Schadstoffe sammeln sich in deren Körper an.

GLITSCHIG UND ÜBEL

Durch Schiffe, Öltankerunfälle, undichte Pipelines und Unterwasser-Ölquellen kommt es zu Ölverschmutzungen. Viele Flächen sind klein, aber einige fallen groß aus und sind für die Tierwelt tödlich.

- Verschlucktes Öl tötet viele Arten von Meereslebewesen.

- Öl verklebt die Federn von Vögeln, sie können nicht mehr fliegen.

- Öl auf Fell und Federn zerstört deren Isolierfähigkeit. Die betroffenen Tiere sterben oft an extremer Kälte.

- Öl schwimmt und blockiert dann das Sonnenlicht. Dadurch können Plankton und Unterwasserpflanzen keine Nahrung mehr herstellen.

- An die Küste geschwemmt, gefährdet Öl weitere Lebewesen. Es kann auch Pflanzen abtöten, deren Wurzeln den Boden festigen. Ohne die Pflanzen wird der Boden leichter weggeschwemmt.

3. Größere Raubtiere, wie größere Fische und Tintenfische, fressen die kleineren Fische und Meereslebewesen. Die giftigen Chemikalien sammeln sich in ihrem Körper schneller an, als ihr Körper sie abbauen kann.

4. Bei großen Meerestieren, wie z.B. einem Hai, kann die Konzentration dieser schädlichen Chemikalien millionenfach höher ausfallen als in den Gewässern, in denen er lebt.

DIE GEFAHREN VON PLASTIK

Eine der größten Herausforderungen für Hüter der Küsten und Meere stellt Plastik dar. Als Kunststoffe erfunden wurden, kamen sie den Menschen wie Wunderwerkstoffe vor. Sie waren leicht, billig in der Herstellung und bauten sich nicht so schnell ab. Aber Kunststoffe sind zu einem RIESIGEN Problem geworden, das unsere Ozeane hart trifft.

DRASTISCH PLASTISCH

Studien aus dem Jahr 2015 schätzten, dass jedes Jahr zwischen 5,3 und 14 Millionen Tonnen Plastik in die Ozeane gelangen. Wenn alle 14 Millionen Tonnen in Milchbehälter umgewandelt würden, würden sie sich über 42 Millionen Kilometer erstrecken – 54 Mal zum Mond und zurück.

SCHWIMMENDE MÜLLDEPONIE

Die größte Müllhalde der Welt schwimmt im Pazifischen Ozean zwischen Hawaii und den Vereinigten Staaten. Der Große Pazifische Müllstrudel (Great Pacific Garbage Patch) ist ein riesiges Gebiet, in dem Plastik und andere Abfälle von einer Meeresströmung, einem sogenannten Wirbel, zusammengezogen werden. Die Ocean Cleanup Foundation schätzt, dass es eine Fläche von 1,6 Millionen Quadratkilometer umfasst. Das ist mehr als dreimal so groß wie Spanien..

Viele Plastikgegenstände, wie z.B. Tüten oder Einwegbecher, werden nur wenige Minuten lang benutzt, bevor sie weggeworfen werden, und doch dauert es Hunderte von Jahren, bis sie biologisch abgebaut sind.

KUNSTSTOFFVERSCHMUTZUNG

Kunststoffe gelangen auf vielerlei Weise in die Meere – von der Einleitung in Flüsse bis hin zum Herunterspülen in Toiletten. Wissenschaftliche Studien und Fernsehdokumentationen wie »Blue Planet II« haben diesem Problem und seinen Auswirkungen nachgespürt.

- Tiere können sich in Kunststoffdrähten oder -leinen verfangen oder durch sie erdrosselt werden.

- Kunststoff zerfällt irgendwann in kleine Partikel, die man Mikroplastik nennt. Diese gelangen in die Nahrungsketten der Ozeane und werden von einer Reihe von Lebewesen, darunter auch Menschen, gegessen. Nach Angaben der Marine Conservative Society isst ein durchschnittlicher Europäer, der Meeresfrüchte verspeist, auch 11.000 Kunststoffteilchen pro Jahr. Feine Plastikfasern können auch durch die Kiemen von Fischen eingesaugt werden.

- Plastiktüten, Luftballons und andere farbenfrohe Gegenstände können von Meerestieren mit Nahrung verwechselt werden. In einigen Fällen füllen sich ihre Mägen mit Plastik, das sie nicht verdauen können, sodass sie keinen Platz mehr haben, um echte Nahrung zu verarbeiten.

- Kunststoffe können weit übers Meer transportiert werden, was sich auch auf Meereslebewesen auswirkt, die weit entfernt von der Stelle leben, an der sie ins Wasser gelangt sind. Sie können auch an Stränden angeschwemmt werden, wo sie ebenfalls Schaden anrichten.

Eine hungrige Meeresschildkröte kann eine Qualle nicht von einer Plastiktüte unterscheiden.

PLASTIK-ANGRIFF

Kunststoffe stellen ein enormes Problem für die Weltmeere dar, und es besteht Handlungsbedarf für die Beschützer. Hier erfahrt ihr, was derzeit getan wird und wie ihr ebenfalls etwas tun könnt.

NEUE REGELN

Einige Regierungen und Firmen haben Programme zur Reduzierung des Kunststoffverbrauchs eingeführt. Im Jahr 2002 war Bangladesch das erste Land, das dünne Plastiktüten verboten hat. Weitere Länder, darunter Ruanda, China und Marokko, sind diesem Beispiel gefolgt. Andere Länder besteuern Plastiktüten oder schränken die Erhältlichkeit ein, um ihren Einsatz zu reduzieren.

In Großbritannien wurde 2015 eine Steuer von ungefähr 5 Cent auf Plastiktüten eingeführt. Der Verkauf von Plastiktüten ist seitdem um über 80% zurückgegangen.

In Kenia kann jeder, der dabei erwischt wird, wie er Plastiktüten benutzt, herstellt oder verkauft, mit einer Geldstrafe von bis zu 32.000 Euro oder vier Jahren Gefängnis bestraft werden.

2018 verbot Seattle als erste Stadt Amerikas Plastiktrinkhalme und Plastikbesteck.

Im Jahr 2016 kündigte Frankreich ein Verbot aller Einweg-Plastik-becher, -teller und -bestecke ab 2020 an.

PACKT PLASTIK AN

Es gibt viele kleine Dinge, die ihr tun könnt, um zu helfen und die Menge an Kunststoffen zu reduzieren, die unsere Ozeane verschmutzen. Hier gibt's zehn Tipps:

Die meisten Kunststoffartikel, vom Besteck bis zum Styroporbecher, werden nur einmal verwendet. Vermeidet diese Gegenstände und nutzt stattdessen Wiederverwendbares.

Jedes Jahr werden rund tausend Milliarden Einweg-Plastiktüten benutzt. Das sind fast zwei Millionen pro Minute. Lasst die Beutel links liegen und bringt stattdessen eure eigene Stofftasche zum Einkaufen mit.

Allein in den USA werden täglich bis zu 500 Millionen Plastikstrohhalme verwendet. Die EU ist einen Schritt voraus: Hier ist die Verwendung von Plastikstrohhalmen und Einwegbesteck ab 2021 per Gesetz verboten.

Benutzt eure eigene Wasserflasche und verwendet sie wieder, statt immer wieder Plastikflaschen zu kaufen.

Sammelt jeglichen Abfall auf, auch Plastik, bevor er in Flüsse oder ins Meer geweht werden kann.

Verpflichtet euch in Sachen Plastikvermeidung oder unterschreibt eine Petition, in der Unternehmen und Regierungen aufgefordert werden, weniger Plastik einzusetzen.

Vermeidet Kosmetika, die Glitzer- oder Plastikpartikel, sogenannte Mikroperlen, enthalten. Wenn sie in die Wasserversorgung gelangen, können Fische und andere Meerestiere die Plastikfragmente verschlucken. Eine Tube Gesichtspeeling kann über 300.000 Mikroperlen enthalten.

Beschützt Küsten und Meere in eurer Mission, wenn ihr den Strand besucht, und nehmt an einer Aufräumaktion entlang der Küste teil.

Lernt unter: www.clientearth.org/plastics noch mehr über Kunststoffe in den Weltmeeren und was getan wird, um das Problem zu bekämpfen.

FISCHEREIWAHN

Ob Thunfischsalat oder Fischstäbchen, Millionen von Menschen essen jeden Tag Fisch. Warum auch nicht? Er ist eigentlich sehr gesund und lecker. Doch die gestiegene Nachfrage nach Fisch und anderen Meeresfrüchten hat verheerende Auswirkungen.

ÜBERFISCHEN

Um so schnell wie möglich die Nachfrage zu befriedigen, haben die riesigen Fischereiflotten der Welt viele Meeresgebiete überfischt. Die verbleibenden Fische können sich nicht schnell genug fortpflanzen, um den Bestand zu decken. Die Überfischung stellt eine große Belastung für das Gleichgewicht des Lebens in den Ozeanen dar. Wenn der Bestand einer Fischart schwindet, kann dies andere Fische, Seevögel, Robben und Haie, die sich von ihr ernähren, ernsthaft beeinträchtigen.

Laut Greenpeace sind 95% aller Südlichen und Nordpazifischen Blauflossen-Thunfische gefangen oder getötet worden.

Bei der Fischerei mit Schleppnetz werden schwere Netze den Meeresboden entlang geschliffen. Diese können Lebensräume schädigen, Korallenriffe zertrümmern, Meerespflanzen zerreißen und Jungfische fangen, die für den Verzehr ungeeignet sind.

NICHT IN MEINEM NETZ

Die Fischereiindustrie verwendet den Begriff »Beifang« für die unerwünschten Fische und Meereslebewesen, die versehentlich mitgefangen werden. Der Beifang kann bis zu zwei Fünftel der Gesamtfangmenge der Fischereiindustrie ausmachen. Es geht nicht nur um Milliarden von Fischen. Nach Angaben des World Wildlife Fund ist die Zahl der anderen Lebewesen, die jedes Jahr als Beifang gefangen und getötet werden, schockierend:

- 100 Millionen Haie
- 250.000 oder mehr Lederschildkröten und Karettschildkröten
- 300.000 oder mehr Delfine, Tümmler und Kleinwale
- viele Tausend Seevögel

Eine Möglichkeit, dem direkt entgegenzuwirken, besteht darin, nach Fischkonserven zu suchen, die nicht mit Netzen eingeholt, sondern mit Angelrute und Leine oder Handleine gefangen wurden. Dadurch verringert sich die Menge anderer Lebewesen, die als Beifang gefangen werden.

Die Zahl der eierlegenden Weibchen der pazifischen Lederschildkröten ist seit 1980 um 95% zurückgegangen.

KORALLENRIFFE

Korallenriffe machen nur 0,1% der Weltmeere aus, beherbergen aber mehr als ein Viertel der weltweiten Meeresfauna und -flora. Allein das australische Great Barrier Reef beheimatet 133 Haiarten, 1.625 Fischarten und 3.000 Arten von Muscheln (Schalentiere). Riffe sind jedoch empfindlich und verletzlich. Wenn die Korallen verschwinden, verschwinden auch die Millionen von Lebewesen, die in ihnen leben.

TRAUER AM RIFF

Nach Angaben des World Wildlife Fund wird angenommen, dass ein Viertel aller Riffe irreparabel beschädigt ist. Weitere zwei Drittel gelten als ernsthaft bedroht. Ein Grund dafür ist das zunehmend saure Meerwasser, das durch Kohlenstoffemissionen verursacht wird. Hier sind weitere Gründe:

Das Ausbaggern des Meeresbodens mit Maschinen kann zu Anhäufungen von Schlamm und Sedimenten führen, die den Korallen schaden.

Manche Fischer sind skrupellos und setzen im Wasser Sprengstoff ein, um eine große Anzahl von Fischen zu betäuben. Dabei schädigen sie Korallen. Andere verwenden Gift, um Fische zu betäuben, was ebenfalls die Korallen schädigt..

Touristen trampeln auf Korallen herum, brechen Stückchen als Andenken ab oder kaufen Geschenke aus Korallen.

WAS KÖNNT IHR TUN?

Auch wenn ihr weit entfernt vom nächsten Korallenriff lebt, könnt ihr etwas tun, um sie zu erhalten und zu schützen.

- Wenn ihr in der Nähe von Korallen schwimmt, achtet darauf, dass ihr nicht mit Händen, Füßen oder Schwimmflossen gegen die Korallen stoßt oder sie zerbrecht.

- Kauft niemals Korallenprodukte oder Souvenirs. Der Schaden scheint zwar bereits angerichtet, aber wenn ein Korallenstück verkauft wird, füllt der Verkäufer den Vorrat wahrscheinlich wieder auf.

- Leistet euren Beitrag und bekämpft den Klimawandel durch Energieeinsparungen.

- Spart Wasser und reduziert Abfall, sodass die Verschmutzung seltener in die Ozeane vordringt und die Riffe vergiftet.

KORALLENBLEICHE

Korallen sind auf Nährstoffe angewiesen, die aus Zooxanthellen gewonnen werden, winzigen, pflanzenähnlichen Dingern, die in ihnen leben. Sie reagieren sehr empfindlich auf die Wassertemperatur, und ein Anstieg durch den Klimawandel oder thermische Verschmutzung kann dazu führen, dass sie die Korallen verlassen. Dadurch verlieren die Korallen ihre leuchtenden Farben. Ausgebleichte Korallen können sich zwar erholen, sind aber sehr empfindlich und können absterben.

EIN TAG AM STRAND

Ausflüge ans Meer oder ein Spaziergang entlang der Küste machen Spaß. Aber sie können der Umwelt auch Schaden zufügen, wenn ihr nicht verantwortungsbewusst handelt. Befolgt als Beschützer der Küsten und Meere folgende Vorschläge, damit euer Ausflug umweltfreundlich bleibt.

SONNENCREME

Sonnenschutz ist wichtig, denn so schützt ihr die Haut vor den schädlichen Strahlen der Sonne. Einige Sonnenschutzmittel enthalten jedoch Chemikalien, die für das Meeresleben schädlich sind. Oxybenzon, eine Chemikalie, die in einigen aufgesprühten Sonnenschutzmitteln enthalten ist, schädigt Korallen schon in geringen Mengen. Vermeidet Sonnenschutzmittel, die Oxybenzon oder auch Octinoxat und Octocrylen enthalten.

Reibt eure Sonnencreme wirklich gut ein, dann landet kein Gramm davon unnötig im Wasser.

SPF 50

Bringt keine Mahlzeiten in Plastiktüten an den Strand mit. Wenn sie weggeweht werden, können sie großen Schaden anrichten..

SAUBERE KÜSTE

Wenn ihr in Küstennähe wohnt, erkundigt euch in eurer Ortsverwaltung nach Aufräumaktionen oder informiert euch beim Naturschutzbund über die jährlichen Küstenputzaktionen. In über 30 Jahren haben sich mehr als 12 Millionen Menschen freiwillig gemeldet und über 100 Millionen Kilogramm Müll gesammelt – das Gewicht von 3.700 Buckelwalen!

Legt bei einem Tag am Strand immer eine kurze Pause ein, in der ihr ganz Hüter der Küsten und Meere seid. Durchkämmt eine halbe Stunde lang einen Teil des Strandes und sammelt alle Abfälle auf, die ihr findet (tragt zur Sicherheit Handschuhe).

Lasst Muscheln in ihren Felspfützen. Vielleicht befindet sich ja noch ein Lebewesen darin!

Viele Sanddünen werden von den Pflanzen zusammengehalten, die auf ihnen wachsen. Bleibt also auf den Wegen, um dieses empfindliche Gleichgewicht nicht zu beschädigen.

Bringt die natürliche Ernährung der Küstentiere nicht durcheinander, indem ihr sie mit eurem Essen füttert.

KAPITEL 6

WIR SIND FREUNDE DER WÄLDER

Bäume findet man auf allen Kontinenten mit Ausnahme der eisigen Ausläufer der Antarktis. Sie kommen in vielen verschiedenen Umgebungen vor, von heißem, trockenem Buschland bis zu eisigen Taigawäldern am Polarkreis. Bäume bedecken 30,8% der Landfläche der Erde, doch viele sind durch Krankheiten, Umweltverschmutzung und menschliche Aktivitäten bedroht. Diese ehrfurchtgebietenden Giganten brauchen Freunde des Waldes, die auf sie aufpassen.

HOLZZZZZZZ!

Menschen sind auf Bäume angewiesen, um Nahrung, Brennholz, Medikamente, Papier und andere Materialien zu erhalten. Diese Nachfrage sowie die Rodung von Bäumen, um Platz für Ackerland zu schaffen, bedeuten, dass wir Wälder in alarmierender Geschwindigkeit verlieren – nach Angaben des World Wildlife Fund bis zu 27 Fußballfelder Wald pro Minute. Diese Entwaldung hat große Auswirkungen auf unseren Planeten.

TROPISCHE REGENWÄLDER

Außergewöhnlich sind die warmen, feuchten Regenwälder in der Nähe des Erdäquators. In ihnen leben mehr Arten als in jedem anderen Ökosystem der Erde. Der Amazonas ist der größte Regenwald der Welt und mehr als doppelt so groß wie Indien. Wissenschaftler schätzen, dass er über 390 Milliarden Bäume beheimatet. Aber ein Großteil davon bleibt unerforscht, und jedes Jahr werden dort Dutzende neuer Pflanzen- und Tierarten entdeckt.

Das dreizehige Faultier lebt in den Bäumen des Amazonas und verbringt die meiste Zeit kopfüber an Ästen hängend. Es klettert nur etwa einmal pro Woche hinunter, um auf die Toilette zu gehen..

DER SCHLÜSSEL ZU DEN BÄUMEN

Die Blätter eines Baumes sind mit speziellen Strukturen, den sogenannten Chloroplasten, versehen. Durch sie kann ein Baum seine eigene Nahrung durch eine chemische Reaktion namens Photosynthese herstellen. Die Photosynthese wandelt das Licht der Sonne, das von den Wurzeln des Baumes aufgenommene Wasser und das aus der Luft aufgenommene Kohlenstoffdioxid in Nahrung und Sauerstoff um.

Bäume absorbieren während ihres Wachstums auch Kohlenstoffdioxid. Ein großer Baum nimmt jedes Jahr etwa 22 kg CO_2 auf.

AST-TASTISCH

Ob in einem riesigen Wald oder allein an der Straße stehend, Bäume sind nicht nur schön, sondern bieten auch außergewöhnliche Vorteile, die über die Aufnahme von Kohlenstoffdioxid hinausgehen.

Bäume bieten ganz unterschiedlichen Arten wichtige Lebensräume. Nach Angaben der britischen Royal Parks kann eine einzige ausgewachsene Eiche 500 Arten beheimaten – von Eichhörnchen und Staren bis hin zu Motten und Milben.

Die Blätter, Zweige und Früchte, die von einem Baum fallen, bilden einen Teppich auf dem Boden. Dieser bietet Schnecken, Spinnen, Tausendfüßlern und Käfern ein Zuhause und Nahrung. Diese werden von Vögeln, aber auch von Fröschen, Igeln und anderen Tieren gefressen und bilden so aus den abgeworfenen Teilen des Baumes ein ganzes Nahrungsnetz.

Baumstämme bieten Millionen von Minibiestern ein Zuhause. Die Insekten graben sich in die Rinde und liefern so unterschiedlichen Lebewesen wie Spechten, Eidechsen und Spitzmäusen wichtige Nahrung.

Baumwurzeln können viele Meter weit reichen und Wasser und Nährstoffe aus dem Boden aufnehmen. Sie filtern und speichern in ihren Wurzeln auch Chemikalien aus dem Wasser und tragen so zum Schutz der lokalen Umwelt bei.

Der flüssige Saft, der durch Bäume fließt, kann auch für Menschen nützlich sein. Gummibäume z.B. produzieren einen Saft, der als Latex bekannt ist und zur Herstellung von Produkten wie Luftballons und Arzthandschuhen verwendet wird.

Bäume produzieren riesige Mengen an Nahrungsmitteln für Menschen auf der ganzen Welt. Diese reichen von den Nüssen der Pekannuss-, Walnuss- und Pistazienbäume bis hin zu den Früchten von Orangen-, Pfirsich- und Kirschbäumen, ganz zu schweigen von Gewürzen wie Zimt und Muskatnuss.

Der Schatten, den ein Baum wirft, zieht alle Arten von Tieren an, auch Menschen. Wissenschaftler schätzen, dass Bäume ein Gebiet um 1–5° C abkühlen können – allein durch das Wasser, das sie verdunsten, und den Schatten, den sie erzeugen.

Wurzeln tragen auch dazu bei, den Boden zu festigen, damit er nicht weggeweht oder weggespült wird. An regenreichen Orten, an denen Bäume entfernt wurden, stellen Bodenerosion und Schlammlawinen ein großes Problem dar.

BAUMAUFGABEN

Für Freunde der Wälder sind die Bäume in eurer Nachbarschaft eure besten Kumpels. Lernt sie kennen, indem ihr sie auf einer Karte eintragt, jeden Baum untersucht und lernt, die verschiedenen Arten zu unterscheiden.

BLÄTTERTREIBEN

Rindenmuster von Bäumen oder die Form und Textur von Blättern kann man durch Abreiben aufzeichnen. Nehmt dazu ein Stück einfaches (recyceltes) Papier und legt es auf die Rinde. Verwendet einen weichen Buntstift, Wachsmalstift oder eine Kreide, um schnell über das Papier zu reiben, sodass das Muster der Rinde auf dem Blatt erscheint. Macht dasselbe mit einem vom Boden aufgehobenen Blatt. Legt es auf eine harte Oberfläche und dann das Papier darüber.

Es gibt unglaubliche 60.000 Baumarten auf der Welt. Leiht ein Buch aus der Bücherei aus oder schaut online nach einer Bestimmungshilfe für die Arten, die in eurer Region leben.

WERDET BAUM-DETEKTIVE

Nehmt euch ein großes Blatt Papier und zeichnet darauf eine einfache Karte eures Gartens und der Umgebung, z.B. der Straße. Zieht mit Karte und Notizbuch los. Nummeriert jeden Baum auf der Karte, damit ihr seinen Standort kennt, und versucht, möglichst viele der folgenden Aufgaben auszuführen:

- Wie ist die Gesamtform des Baumes? Ist er an der Spitze breit oder ist er hoch und schmal? Zeichnet seinen Umriss, um ihn leichter identifizieren zu können.

- Hat er eine glatte, gerippte oder sehr raue Rinde? Fühlt die Rinde und, wenn ihr Zeit habt, macht einen Abrieb auf Papier.

- Hat der Baum Blüten, Früchte oder Nüsse? Zeichnet oder beschreibt sie.

- Wie sind seine Blätter geformt? Rupft ihm kein Blatt ab, sondern hebt stattdessen ein zu Boden gefallenes Blatt auf, um es mit Klebeband in eure Karte zu kleben oder einen Abrieb zu machen.

- Schaut genau hin und notiert alle Lebewesen, die ihr seht und die den Baum als Nahrung oder Unterschlupf nutzen.

- Zuhause könnt ihr im Internet oder in Bestimmungsbüchern nach Informationen suchen, um eure entdeckten Bäume zu bestimmen. Welche Arten kommen in eurer Gegend am häufigsten vor?

Es gibt auf der ganzen Welt etliche Programme, bei denen ihr einen Baum adoptieren, ihn pflegen und ihm beim Wachsen und Gedeihen helfen könnt. Schaut im Internet nach. Vielleicht könnt ihr euch sogar im Park um die Ecke engagieren.

BÄUME IN GEFAHR

Eigentlich sollte so etwas Großartiges wie ein Baum doch wie ein Schatz behandelt werden. Aber jeden Tag werden mehrere Millionen Bäume gefällt – insgesamt über 15 Milliarden pro Jahr. Einige davon werden ersetzt, aber nicht alle. Das bedeutet, dass viele Wälder in ihrer Größe schrumpfen ... und zwar richtig rasant.

WIE UND WARUM?

Bäume gehen durch Umweltverschmutzung wie sauren Regen, aber auch durch Waldbrände verloren. Eine der Hauptursachen für die Entwaldung ist jedoch die Nachfrage nach Holz, Papier und anderen Produkten, die aus Bäumen hergestellt werden, wie z.B. Palmöl. Wälder werden auch zerstört, um Platz für Ackerland, Städte, Straßen oder Industriegebiete zu schaffen.

Zwei Fünftel der Wälder Pakistans und ein Viertel der Wälder Nepals sind seit 1990 zerstört worden.

Ohne Baumwurzeln, die dabei helfen, alles zusammenzuhalten, kann Erde weggeweht oder weggespült werden und einst fruchtbares Land verwandelt sich in Wüste.

GROSSE AUSWIRKUNG

Da Bäume so großartig für die Umwelt sind, könnt ihr euch vorstellen, wie schrecklich es für den Planeten ist, so viele zu verlieren. Die Entwaldung führt dazu, dass mehr Kohlenstoffdioxid in die Atmosphäre gelangt. Pflanzen, Lebewesen und Menschen, die in den Wäldern leben, verlieren alle ihre Heimat, während diejenigen, die dort zurückbleiben, ums Überleben kämpfen müssen.

Die Zahl der Orang-Utans hat sich in den letzten 100 Jahren halbiert, und die Entwaldung ist der Hauptgrund dafür.

Ohne Bäume, die einen Teil der Sonnenwärme blockieren, kann der feuchte Waldboden austrocknen und andere Pflanzen wachsen schlechter.

Brasilien hat seit 1970 ein Fünftel seines Amazonas-Regenwaldes verloren. Das ist eine Fläche, die mehr als doppelt so groß ist wie Deutschland.

BRINGT SIE ZURÜCK

Es gibt aber nicht nur schlechte Nachrichten. Ganze Nationen und Organisationen versuchen, das Tempo der Entwaldung zu verlangsamen, und einige pflanzen neue Wälder. Laut UNO haben sowohl Vietnam als auch Kuba heute über 55% mehr Wald als 1990, während Uruguay seine Wälder in der gleichen Zeit mehr als verdoppelt hat.

KLOPFT AUF HOLZ

Macht einen Ausflug in den nahe gelegenen Wald – Staunen garantiert! Im Vergleich zum Erfassen eurer Bäume in der Straße betretet ihr jetzt das Wald-Wunderland!

BESUCHER-TIPPS

Ein Waldbesuch ist einfach perfekt, um die Natur hautnah zu erleben. Viele Länder haben Naturschutzgebiete. In den Vereinigten Staaten bietet die Nationalparkwoche im April freien Eintritt in die Parks und Waldschutzgebiete des Landes.

🪶 Werft keinen Abfall weg, und wenn ihr irgendwo Abfall von anderen entdeckt, hebt ihn vorsichtig auf und werft ihn in den nächsten Abfallbehälter. Der Wald dankt euch!

🪶 Bleibt auf markierten Wegen und Pfaden, damit ihr nicht auf wilden Pflanzen herumtrampelt. Wenn ihr vom Kurs abkommt, könnt ihr euch sehr schnell verirren und in Schwierigkeiten geraten.

🪶 Brecht keine Zweige ab und rupft keine lebenden Blätter ab. Macht ein Foto oder einen Abrieb von Blatt oder Rinde als Erinnerung an euren Besuch.

🪶 Oder kauft euch etwas im Souvenirladen des Parks – das Geld, das dort ausgegeben oder gespendet wird, wird eingesetzt, damit der Wald intakt und gesund bleibt.

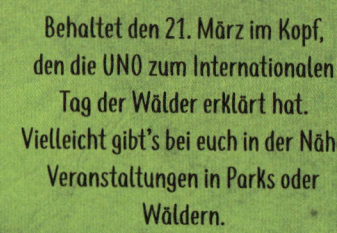

Behaltet den 21. März im Kopf, den die UNO zum Internationalen Tag der Wälder erklärt hat. Vielleicht gibt's bei euch in der Nähe Veranstaltungen in Parks oder Wäldern.

WALDBRÄNDE

Natürliche Phänomene wie Blitzschlag lösen Waldbrände aus, aber viele werden vom Menschen verursacht. Eine Studie aus dem Jahr 2017 unter Verwendung von Statistiken des US Forest Service ergab, dass 1,2 Millionen Waldbrände in den USA vom Menschen verursacht wurden. Einige wurden absichtlich gelegt. Weitere Ursachen sind außer Kontrolle geratene Feuer im Freien, Lagerfeuer und Vermüllung. Brände können sich rasch ausbreiten, töten Lebewesen und vernichten Unmengen von Bäumen. Ein Feuer in Portugal im Jahr 2017 vernichtete bis zu 30 Millionen Bäume.

Zündet niemals ein Feuer unter Bäumen oder Büschen an. Lagerfeuer sollten immer auf offenem Gelände angelegt und stets klein gehalten und beaufsichtigt werden.

Wenn ihr einen unbeaufsichtigten oder außer Kontrolle geratenen Brand bemerkt, ruft die örtliche Feuerwehr.

WIR SPAREN PAPIER

Wir Menschen verwenden eine UN-GLAUBLICHE Menge an Papier, oft, ohne darüber nachzudenken. Dass dann rasant neues Papier, meist aus Bäumen, hergestellt wird, hat große Auswirkungen auf die Umwelt.

Über vier Milliarden Bäume werden jedes Jahr zur Papierherstellung verwendet. Das sind etwa 40% der Bäume, die von der Industrie gefällt werden, und die Zahl steigt.

PAPIERKOSTEN

Eine typische Person in der Europäischen Union verbraucht jedes Jahr etwa 160 Kilogramm Papier. Ein Großteil davon stammt aus Verpackungen, Taschentüchern und Toilettenpapier sowie Papiertüten. Aus einem einzigen, ausgewachsenen Baum kann man bis zu 700 Papiertüten herstellen. Das klingt nach sehr viel, aber ein viel besuchter Supermarkt verbraucht sie locker in noch nicht mal einer Stunde.

Das meiste Papier wird unter großem Einsatz von Energie und Chemikalien hergestellt. Tatsächlich benötigt man etwa 5 bis 10 Liter Wasser, um ein Blatt A4-Papier herzustellen, während die Zellstoff- und Papierindustrie schätzungsweise 4% des weltweiten Energieverbrauchs aufwendet.

Papierrecycling rettet wirklich den Planeten. 907 Kilogramm recyceltes Papier retten 17 ausgewachsene Bäume, 26.500 Liter Wasser, 1.400 Liter Öl und genug Energie, um ein Haus etwa fünf Monate lang mit Strom zu versorgen!

WIR REDUZIEREN DEN PAPIERVERBRAUCH

Wahrscheinlich recycelt ihr Papier schon zu Hause und in der Schule, aber wenn ihr aufmerksam seid, könnt ihr noch mehr recyceln. Außerdem gibt's etliche weitere Möglichkeiten, den Papierverbrauch zu reduzieren.

- Lest Zeitschriften online statt Papiervarianten zu kaufen.

- Kauft Bücher, Notizbücher und Toilettenpapier aus Recyclingpapier.

- Nutzt eure örtliche Bibliothek, wenn ihr spannende neue Geschichten lesen oder neue Fakten erfahren möchtet. Ihr könnt sogar eure eigene Minibücherei gründen, indem ihr mit Freunden tauscht.

- Prüft, ob euer Drucker zu Hause oder in der Schule beide Seiten des Blattes bedrucken kann. Verkleinert die Schriftgröße und legt die Seitenränder schmaler an, sodass ein langes Dokument weniger Seiten zum Drucken benötigt.

- Überzeugt eure Familie, für Notizen und Mitteilungen ein Whiteboard zu nutzen, statt sie auf Papier zu kritzeln.

- Gewöhnt euch an, waschbare Stofftaschentücher einzustecken, um die Menge an Papiertaschentüchern zu reduzieren.

- Wenn Mengen an unerwünschter Post eingehen, bittet eure Eltern, so viel wie möglich davon zu stornieren.

- Zerschneidet altes Papier in gleich große Blätter, locht sie in einer Ecke und bindet sie mit einer Schnur zu einem recycelten Notizblock zusammen.

Heute wird mehr als viermal so viel Papier produziert wie vor 40 Jahren.

PFLANZT EINEN BAUM

Gibt es eine bessere Idee, Bäumen zu helfen, als neue zu pflanzen? Wenn ihr zu Hause keinen Platz für einen neuen Baum habt, setzt euch dafür ein, in eurer Schule Bäume zu pflanzen. Viele Umweltschutz-Programme bieten kostenlose oder sehr billige junge Bäume zum Pflanzen an Schulen und in der Nachbarschaft an.

BÄUME VORAUS

Die beste Pflanzzeit für die meisten Bäume ist Frühjahr oder Herbst, und sie brauchen Platz, um zu wachsen. Euer Baum mag jetzt noch klein sein, aber denkt daran, wie groß er in 20, 30 oder 40 Jahren sein wird!

Grabt ein Loch, so tief wie die Wurzeln des Baumes, aber zwei- bis dreimal so breit. Greift den Baum sanft am Wurzelballen, nicht am dünnen Stamm, der beschädigt werden könnte. Stellt ihn in die Mitte des Lochs und bedeckt die Wurzeln mit Erde und Kompost. Gießt ihn gut. Wenn der Baum über einen Meter hoch ist, bittet einen Erwachsenen, einen Pfahl in die Erde zu treiben und ihn am Stamm zu befestigen, um ihn zusätzlich zu stützen.

Junge Bäume brauchen Pflege und Aufmerksamkeit. Stellt sicher, dass der Baum in den ersten Jahren gut bewässert wird – aber achtet darauf, ihn in Regenzeiten nicht zu stark zu gießen. Haltet einen Kreis um seinen Stamm (etwa 1–1,5 Meter breit) frei von Unkraut. Ihr könnt auch eine Mulchschicht für zusätzliche Nährstoffe und zum Binden des Wassers im Boden um den Baum anlegen.

Findet heraus, welche Arten von Bäumen für euren Wohnort geeignet sind, bevor ihr etwas pflanzt. Fragt einen erfahrenen Gärtner oder lasst euch in einem Gartencenter beraten.

AUS KLEINEN EICHELN

2007 schrieb der deutsche Schüler Felix Finkbeiner als Hausaufgabe einen Bericht, in dem er erklärte, dass wir alle mehr Bäume pflanzen müssten. Er wurde gebeten, seinen Bericht in der Schule vorzulesen, und es sprach sich an anderen Schulen herum. Innerhalb von vier Jahren wurde eine Baumpflanzorganisation für junge Menschen ins Leben gerufen. Bis April 2019 hatte Plant-for-the-Planet sage und schreibe 13,64 Milliarden Bäume gepflanzt!

Bäume wachsen langsam, aber sicher, also seid geduldig. Den Fortschritt eures Baumes könnt ihr festhalten, indem ihr übers Jahr Fotos macht und ihn regelmäßig messt.

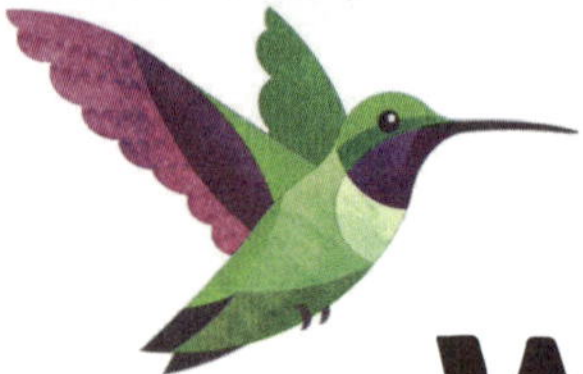

KAPITEL 7

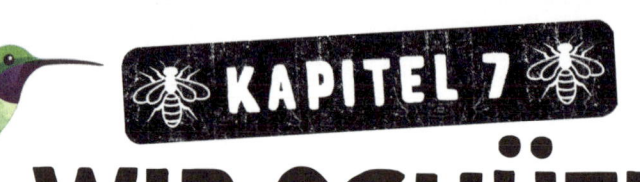

WIR SCHÜTZEN DIE TIERWELT

Die Welt wimmelt von Pflanzen und Lebewesen, die die Erde zu einem inspirierenden und faszinierenden Ort zum Leben machen. Ihr werdet als Beschützer der Lebewesen unseres Planeten gebraucht.

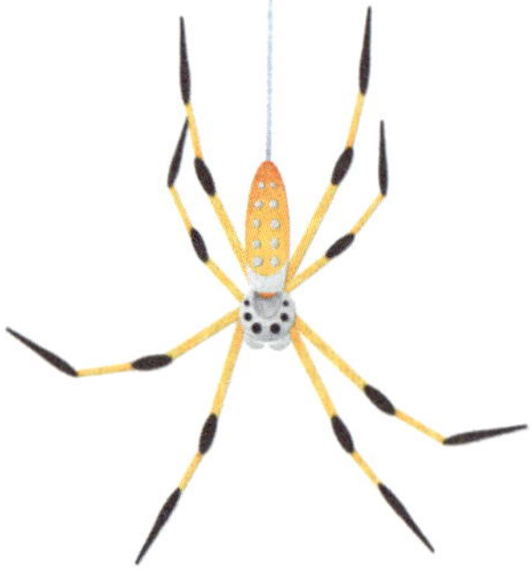

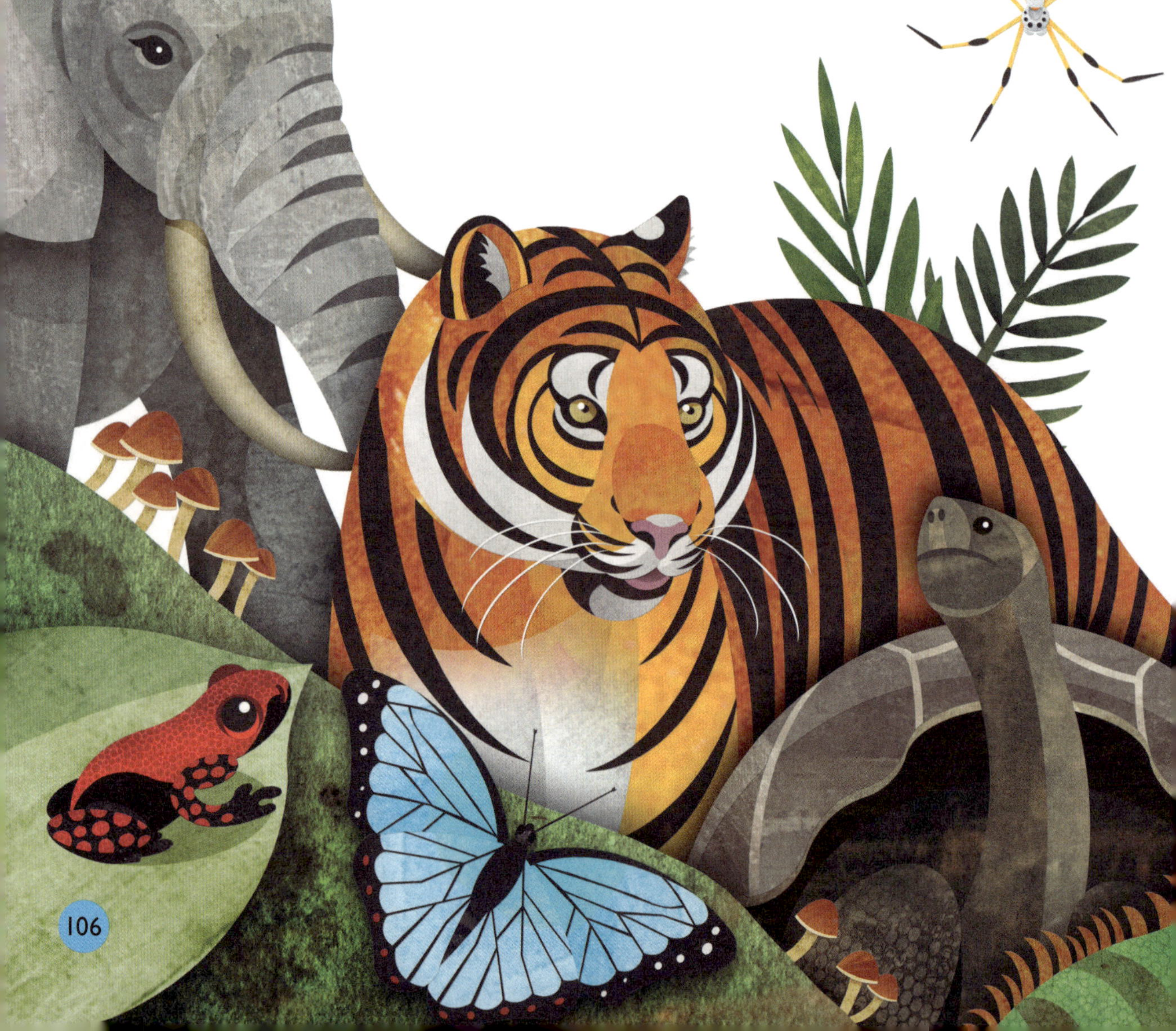

ARTENVIELFALT ZÄHLT

Die außergewöhnliche Vielfalt der Lebewesen auf der Erde wird als »Biodiversität« oder Artenvielfalt bezeichnet. Sie ist sehr wichtig für das Wohlergehen des Planeten, denn durch sie gedeihen gesunde Ökosysteme (siehe S. 12–13). Ein einziges Ökosystem kann Tausende verschiedener Lebewesen enthalten, von denen jedes seine eigene kleine Rolle spielt.

Die verschiedenen Arten tragen alle dazu bei, ein Ökosystem im Gleichgewicht zu halten, und versorgen Menschen und andere Lebewesen mit Wohnraum, Nahrung und lebenswichtigen Materialien. Doch überall auf der Welt ist die Artenvielfalt bedroht.

Eine größere Artenvielfalt stärkt ein Ökosystem, und es kann dadurch besser mit Veränderungen seiner Umwelt fertigwerden.

WIE VIELE ARTEN VON LEBEWESEN KENNT IHR?

Wissenschaftler haben rund 1,75 Millionen Arten von Lebewesen klassifiziert, und es werden ständig neue Lebewesen entdeckt:

- Es gibt mehr als 5.400 Arten von Säugetieren.

- Mehr als 900.000 Insektenarten wurden entdeckt.

- Vom kräftigen Strauß bis zum leichten Kolibri gibt über 10.900 Vogelarten.

- Von den Spinnentieren – eine Klasse von Lebewesen, zu der auch Spinnen und Skorpione gehören – wurden bisher unglaubliche 102.248 Arten entdeckt.

- Wissenschaftler haben 10.793 Reptilienarten identifiziert.

- Unglaublich: Es gibt 268.000 Arten blühender Pflanzen.

- Sehen für euch alle Farne gleich aus? Kann gar nicht sein! Bis jetzt wurden etwa 10.500 verschiedene Arten entdeckt.

Wusstet ihr, dass ein einziger Teelöffel Erde 10.000 bis 50.000 verschiedene Bakterienarten enthalten kann?

BEDROHT

Die Erde ist ein großer, biologisch vielfältiger Ort, aber die menschliche Nachfrage nach Raum und Ressourcen hat zu einem katastrophalen Rückgang der Population einiger Pflanzen und Tiere geführt. Viele Arten sind jetzt gefährdet oder vom Aussterben bedroht. Der World Wildlife Fund geht davon aus, dass die Populationen von Lebewesen zwischen 1970 und 2012 im Durchschnitt um die Hälfte zurückgegangen sind.

Einst der häufigste Vogel in Amerika, wurde die Wandertaube vom Menschen bis zur Ausrottung gejagt. Der letzte Vogel, Martha, starb 1914 in einem Zoo.

FÜR IMMER VERSCHWUNDEN

Zu den Tieren, die vor Kurzem für ausgestorben erklärt wurden oder deren Aussterben befürchtet wird, gehören

GOLDKRÖTE

Diese mittelamerikanische Kröte wurde 2004 für ausgestorben erklärt (zuletzt wurde sie 1989 gesichtet). Für ihr Aussterben ist eine Kombination aus Entwaldung, Klimawandel und Krankheiten verantwortlich.

KARIBISCHE MÖNCHS-ROBBE

Früher in der Karibik weit verbreitet, wurde diese Robbe vom Menschen bis zur Ausrottung gejagt. Die Überfischung ihrer Nahrungsquelle trug ebenfalls zu ihrem Aussterben bei. Sie wurde 1994 für ausgerottet erklärt.

CHINESISCHER FLUSSDELPHIN

Überfischung, Verschmutzung und Todesfälle durch Kollisionen mit Schiffsschrauben und Fischfanggeräten führten zu einem raschen Rückgang dieser Delphinart. Die letzte bestätigte Sichtung war im Jahr 2002, und Wissenschaftler glauben, dass er inzwischen möglicherweise ausgestorben ist.

NÖRDLICHES BREITMAULNASHORN

Das letzte Männchen, Sudan, starb 2018, sodass nur zwei Weibchen zurückblieben. Das Aussterben dieser Art ist vorwiegend darauf zurückzuführen, dass der Mensch die Tiere nur wegen ihres Horns tötete.

AM MEISTEN IN GEFAHR

Die International Union for Conservation of Nature (IUCN) erstellt eine Rote Liste der am stärksten bedrohten Lebewesen. Sie umfasst mehr als 25.000 Pflanzen- und Tierarten.

- Der Kragenweih ist nur eine von 164 verschiedenen Vogelarten, die in Brasilien vom Aussterben bedroht sind.

- In Russland und China gibt es heute vermutlich weniger als 100 Amurleoparden.

- Es wird vermutet, dass es in Australien weniger als 1.000 Bergbilchbeutler gibt.

- Weniger als 500 Mittelmeer-Mönchsrobben leben heute vor den Küsten der Türkei und Griechenlands.

- Das seltenste Meeressäugetier der Welt ist der sogenannte Golftümmler. Nur noch 30 dieser Schweinswale halten sich in den Gewässern vor der Küste Kaliforniens auf.

- Mehr als drei Viertel aller Östlichen Flachlandgorillas in Afrika sind seit 1990 ausgestorben, sodass weniger als 4.000 dieser prächtigen Tiere übrig geblieben sind.

DIE HEIMAT VERLIEREN

Der Verlust von Lebensraum ist die größte Bedrohung für Wildtiere. Von Regenwäldern bis hin zu Feuchtgebieten werden durch den Menschen auf der Suche nach Land, Nahrung und anderen Ressourcen jeden Tag ihre natürlichen Lebensräume zerstört.

ZUNEHMENDE ZERSIEDELUNG

Nach Angaben der Vereinten Nationen leben heute rund 4,2 Milliarden Menschen in Städten – mehr als fünfmal so viele wie 1950. Wenn neue Städte gebaut und bestehende größer werden, vereinnahmen sie Land und Ressourcen, die davor von anderen Lebewesen genutzt wurden.

STÜCKELN – EIN PROBLEM

Die Nachfrage nach Nahrungsmitteln führt dazu, dass die Ackerflächen größer und Naturräume zerstückelt werden. Dies schafft Probleme für Lebewesen wie Großkatzen und Weidetiere, die riesige Territorien benötigen. Viele finden deshalb nicht genug Nahrung oder werden getötet, wenn sie in Gebiete streunen, in denen Menschen leben und wirtschaften.

FEUCHTGEBIETE VERSCHWINDEN

Feuchtgebiete sind Regionen, in denen Wasser auf Land trifft, wie z.B. Sümpfe und Flussdeltas. Sie beherbergen viele Pflanzen und Lebewesen. Viele Feuchtgebiete sind zerstört worden, um Land für Häuser, Fabriken oder Bauernhöfe zu schaffen. In den letzten 120 Jahren sind zwei Drittel der Feuchtgebiete der Welt verschwunden.

VER-DAMM-NIS

Durch Dämme werden oft Landflächen über-
schwemmt und Stauseen gebildet. Abgesehen vom
direkten Verlust von Lebensraum können Dämme
auch die Fischwanderung entlang von Flüssen auf-
halten. Auch tote Pflanzen, die normalerweise fluss-
abwärts gespült würden, können sich hinter einem
Damm ansammeln. Wenn die Pflanzen verrotten,
verbrauchen sie den Sauerstoff des Wassers, sodass
im Stausee kein Leben entstehen kann.

BÄUME ALS HEIMAT

Nach Angaben des World Wildlife Fund werden jedes Jahr
75.600 Quadratkilometer Wald abgeholzt, wodurch die Lebewesen dort ihre Heimat verlieren. In Brasilien hat die Entwaldung
dazu geführt, dass sich die Zahl der vom Aussterben bedrohten
Arten innerhalb von 15 Jahren verdreifacht hat. Mehr als
600 Arten sind nun ernsthaft vom Aussterben bedroht.

MIESER LEBENSRAUM

Einige Lebensräume werden nicht vollständig vom
Menschen übernommen, sind aber dennoch durch
seine Aktivitäten geschädigt. Das Ausbaggern eines
Hafens, um ihn z.B. tiefer zu machen, kann große
Schäden anrichten. Schwimmbagger durchkämmen
den Meeresboden, töten Pflanzen und Lebewesen
und ersticken viele weitere mit Schlick und Schlamm.

WILDE VERBRECHEN

Der illegale Handel mit exotischen Haustieren und Tierteilen stellt eine große Bedrohung für einige der am stärksten gefährdeten Tierarten der Welt dar. Er kann auch zur Einschleppung von invasiven Arten und Krankheiten führen.

TIERE UND WILDEREI

Viele Lebewesen sind gesetzlich geschützt, doch leider hält das Kriminelle nicht davon ab, sie zu jagen oder zu fangen. Der illegale Handel mit Wildtieren ist ein GROSSES Geschäft – das UN-Umweltprogramm schätzt seinen Wert auf rund 23 Milliarden US-Dollar pro Jahr. Aber was beinhaltet er eigentlich?

Wilde Tiere werden eingefangen und als exotische Haustiere verkauft. Sie sind oft schlecht gepflegt und führen häufig ein erbärmliches, kurzes Leben.

Die Zähne oder Stoßzähne von Walrossen, Walen und Elefanten bestehen aus Elfenbein. Durch den tragischen Handel mit Elefanten-Elfenbein ging die Zahl der afrikanischen Elefanten allein zwischen 2010 und 2012 um 100.000 zurück. Es wird geschätzt, dass immer noch täglich 55 afrikanische Elefanten wegen ihrer Stoßzähne getötet werden.

Andere Tiere werden wegen ihres Fells, ihrer Federn oder ihrer Haut getötet. Chinchillas wurden wegen ihres weichen Fells fast bis zur Ausrottung gejagt. Für einen einzigen Mantel starben etwa 150 Exemplare.

Die traditionelle Medizin in einigen Regionen der Welt verlangt nach Inhaltsstoffen, die aus Körperteilen von gefährdeten Wildtieren wie Tigern, Jaguaren und Nashörnern hergestellt werden.

EINDRINGLINGE

Die Einschleppung invasiver Arten – Pflanzen und Lebewesen, die in Lebensräume gebracht werden, wo sie nicht hingehören – kann Ökosysteme aus dem Gleichgewicht bringen, besonders, wenn der Eindringling sich schnell vermehrt. In der Vergangenheit zerstörten Ratten, die von Segelschiffen von Forschungsreisenden kamen, ganze Inselpopulationen von Seevögeln, indem sie sie und ihre Eier fraßen.

Auch invasive Pflanzen können zerstörerisch sein. Kudzu ist eine Kletterpflanze aus Asien, die heute in den Vereinigten Staaten mehr als 809 Quadratkilometer bedeckt. Die Hülsenfrucht wächst 30 Zentimeter pro Tag und erstickt und tötet andere Pflanzen bei ihrer Ausbreitung.

In den 1930er-Jahren wurden in Australien 2.400 südamerikanische Agakröten zur Bekämpfung erntefressender Käfer ausgesetzt. Heute gibt es über 200 Millionen von ihnen. Sie sind mit einem giftigen Schleim bedeckt, der viele australische Tiere tötet.

WAS KÖNNT IHR TUN?

Der illegale Handel mit Wildtieren und die Auswirkungen von invasiven Arten sind schockierend. Aber ihr könnt etwas tun, um zu helfen.

- Haltet eure Familie und Freunde davon ab, exotische Tiere zu kaufen. Wählt heimische Haustiere oder holt ein Tier aus dem Tierheim.

- Setzt niemals Aquarienfische oder exotische Haustiere aus.

- Kauft niemals Elfenbeinprodukte, Pelz, Zähne von geschützten Arten oder Panzer von Meeresschildkröten.

- Wenn ihr den Verdacht hegt, dass jemand illegal Tiere verkauft, fragt einen Erwachsenen, ob er das prüfen und möglicherweise melden kann.

- Unterzeichnet Petitionen von Kampagnen gegen Wildtierkriminalität.

KAMPAGNEN UND NATURSCHUTZ

Es gibt nicht nur schlechte Nachrichten für die Natur. Viele Menschen arbeiten hart daran, die Pflanzen und Lebewesen unseres Planeten zu erhalten. Die Arbeit der Naturschützer kann ganz unterschiedlich aussehen – vom Aufspüren seltener Arten bis zum Wiederaufbau von Lebensräumen.

NUTZT EURE STIMME

Glaubt nie, dass ihr machtlos seid. Öffentlicher Druck kann etwas bewirken. Im Jahr 2016 unterzeichneten über 500.000 Menschen eine Petition, die die Europäische Union davon überzeugte, viele der Wildgebiete Europas, darunter Feuchtgebiete und Wiesen, weiterhin zu schützen. Und nach jahrelangen Kampagnen verbot die chinesische Regierung 2017 den An- und Verkauf von Elefanten-Elfenbein. Früher hat China mehr Elfenbein importiert als jede andere Nation, daher ist dies ein gewaltiger Schritt nach vorn.

Einige vom Aussterben bedrohte Arten, wie dieses Küken eines Mauritiusfalken, werden in Zoos gezüchtet, bevor sie wieder ausgewildert werden.

1974 gab es nur noch vier Mauritiusfalken auf der Welt. Durch ein Zuchtprogramm und sorgfältigen Schutz in freier Wildbahn gibt es heute wieder 400 Vögel.

NATURSCHUTZ

Das erste groß angelegte Naturschutzgebiet der Welt war der Yellowstone Nationalpark, der 1872 in Wyoming, USA, eröffnet wurde. Heute gibt es über 200.000 dieser wichtigen Orte. Die UN schätzt, dass sie 15,4% des Landes und 3,4% der Ozeane auf der Erde ausmachen. Die Parkranger arbeiten hart, um Tiere und Umwelt in den Reservaten vor Wilderern, Umweltverschmutzung und illegaler Müllentsorgung zu schützen.

HANDELT

Schließt euch einer Naturschutzorganisation an oder unterstützt deren Anliegen, indem ihr ihre Homepage besucht, euch über ihre Arbeit informiert und Petitionen unterschreibt..

Adoptiert ein Tier. Viele Zoos und Naturschutzorganisationen, darunter der World Wildlife Fund, Defenders of Wildlife und Oceana, haben Programme aufgelegt, mit denen ihr zur wichtigen Naturschutzarbeit beitragen könnt. Warum organisiert ihr nicht einen Kuchenverkauf in der Schule, um ein vom Aussterben bedrohtes Tier für eure Klasse zu adoptieren?

Besucht örtliche Naturschutzgebiete und seht euch die Arbeit der Mitarbeiter an. Vielleicht könnt ihr euch sogar ehrenamtlich engagieren und auf irgendeine Weise mithelfen.

ACHTUNG: BIENEN IN GEFAHR

Bienen sind nicht nur schöne Geschöpfe, sie sind auch unglaublich wichtig für die Natur und das Leben auf der Erde. Aber ihre Zahl sinkt überall – rasant. Die Bienen brauchen eure Hilfe!

WAS TUN BIENEN?

Bienen tragen Pollen an ihren Beinen und auf ihrem Körper, während sie von Blüte zu Blüte schwirren und nach Nektar zum Fressen suchen. Damit Pflanzen sich vermehren können, müssen Pollen von einer Blüte zur anderen gelangen. Bienen helfen bei der Bestäubung von mehr als 100 wichtigen (und leckeren) Pflanzenarten, darunter Bohnen, Äpfel und Heidelbeeren. Ohne sie hätten wir einen ernsthaften Mangel an Nahrung.

WARUM SIND DIE BIENEN IN GEFAHR?

Der Verlust von Lebensraum und der Einsatz von Pestiziden sind zwei der Gründe für die Probleme der Bienen. Großbritannien beispielsweise hat seit den 1930er-Jahren 97% seiner blumenreichen Wiesen verloren. Blumenbeete und Rasenflächen wurden zubetoniert. So finden Bienen einfach nicht genug Nahrung zum Fressen.

Einige Bienen tragen Pollen in »Pollen-höschen« an ihren Hinterbeinen.

ÜBLES GIFT

In der Landwirtschaft vergiften Pestizide, sogenannte Neonikotinoide (Neonics), den Saft und Nektar von Pflanzen, um die Insekten-»Schädlinge« zu töten, die sich von ihnen ernähren wollen. Zu ihren Opfern gehören leider auch Bienen und Schmetterlinge.

SO HELFT IHR BIENEN

Zum Glück helfen einfache und alltägliche Dinge, damit es Bienen wieder gut geht. Schaut euch die Internetseiten von Umweltorganisationen wie dem NABU an – dort gibt es Infos, was ihr für Bienen tun könnt. Außerdem könnt ihr euch an Online-Kampagnen zum Verbot von Neonics beteiligen. Und dann könnt ihr euren Garten, den Hinterhof oder eure Blumenkästen bienenfreundlicher gestalten!

- Lasst eure Eltern nachschauen, ob sie nicht Pflanzensprays verwenden, die Neonikotinoide enthalten.

- Pflanzt Pflanzen, die im Winter und Frühjahr blühen – Zeiten, in denen es für Bienen schwierig sein kann, Nahrung zu finden. Schaut online oder in der Bibliothek nach, welche Pflanzen in eurer Gegend blühen.

- Pflanzt Lupinen, Lavendel, Fingerhut und andere bienenfreundliche Pflanzen in Blumenbeete.

- Kräuter wie Majoran, Schnittlauch und Rosmarin lassen sich leicht in Kübeln pflanzen und sind gut für Bienen. Genauso wie Erdbeeren und Himbeeren.

- Stellt eine flache Schale oder Untertasse mit Wasser für durstige Bienen auf. Da Bienen nicht schwimmen können, solltet ihr Steine oder Murmeln reinlegen, damit sie gut trinken können.

Honigbienen besuchen etwa vier Millionen Blumen, um ein einziges Kilogramm Honig herzustellen.

LEGT LOS

Warum nicht Bienen und anderen Lebewesen in eurer Nachbarschaft helfen? Hier sind ein paar einfache Ideen, wie ihr einen gewöhnlichen Garten oder Schulhof in ein Paradies für Wildtiere verwandeln könnt.

Ein Haufen verrottendes Holz bietet Maden und kleinen Tieren ein wunderbares Zuhause. Diese wiederum dienen Vögeln und Amphibien als Nahrung.

Eine alte, mit Wasser gefüllte Spülschüssel ist ein toller Mini-Teich für Frösche, Insekten und Vögel. Eine Schicht Kies am Boden der Schüssel und einige große Steine helfen Tieren hinein und heraus zu krabbeln. Wasserpflanzen halten das Wasser gesund und ziehen Wildtiere an.

Kauft ein fertiges Bienenhotel in einem Garten-center oder baut euer eigenes, indem ihr den Bas-telanleitungen auf Internetseiten z.B. des NABU folgt. Platziert das Hotel mindestens einen Meter über dem Boden in voller Sonneneinstrahlung. Einzelbienen legen dann ihre Eier in die Röhren und versiegeln diese normalerweise mit Schlamm oder Pflanzenmaterial.

Legt in eurem Garten eine »wilde Ecke« an. Hier mäht ihr das Gras nicht und sät Wildblumensamen aus, damit eine Mini-Wiese für Schmetter-linge, Motten und Insekten entsteht.

Recht im Herbst einen Laubhaufen zusammen und lasst ihn über den Winter ungestört liegen. Dadurch entsteht ein gemütlicher Zufluchts-ort für Insekten, Tausendfüßler und sogar für kleine Tiere, die einen Winterschlaf halten.

HIER GIBT'S WAS!

Nahrung für Wildtiere zur Verfügung zu stellen hilft den Tieren in der Umgebung. Da es ganz unterschiedliche Regionen auf der Welt gibt, mit ganz verschiedenen Tieren, solltet ihr euch darüber informieren, welche in eurer Nähe leben. Welche Arten kommen wahrscheinlich bei euch vorbei und was fressen sie am liebsten?

TIPPS ZUM FÜTTERN

Befolgt folgende Tipps, damit ihr eure pelzigen und gefiederten Freunde auch mit den richtigen Sachen füttert:

- Platziert Vogelfutterautomaten nicht zu nahe am Fenster, da sich die Vögel verletzen können, wenn sie versehentlich gegen das Glas fliegen.

- Füttert Wildtiere niemals mit Junkfood oder Vögel mit gesalzenen oder gerösteten Erdnüssen. Kauft stattdessen rohe Erdnüsse in Tierhandlungen oder Gartencentern.

- Wenn bei euch im Garten Obstbäume stehen, lasst einige heruntergefallene Früchte auf dem Boden liegen. Zerquetschte, verrottende Früchte sind eine willkommene Nahrung für viele Lebewesen.

- Achtet auf sauberes Wasser, wenn ihr im Garten ein Vogelbad oder eine andere Wasserquelle habt. Brecht im Winter das Eis, das sich auf der Oberfläche bildet.

SCHMETTERLINGE FÜTTERN

Schmetterlinge trinken Nektar aus Blumen, fressen aber auch zuckerhaltige Flüssigkeiten aus Früchten. Für sie könnt ihr Zuckerwasser herstellen, das in einer Untertasse serviert wird. Bringt einfach einen Erwachsenen dazu, etwas Regenwasser abzukochen und es mit ein paar Teelöffeln weißem Zucker zu mischen. Erst vollständig abkühlen lassen, bevor ihr es rausstellt!

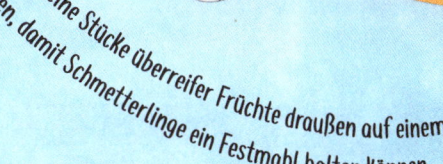

Lasst einige kleine Stücke überreifer Früchte draußen auf einem Tablett liegen, damit Schmetterlinge ein Festmahl halten können.

VÖGEL FÜTTERN

Futterknödel sind eine Mischung aus Fett, Samen und Nüssen, die den Vögeln vor allem im Winter einen dringend benötigten Energieschub geben. Und sie sind wirklich einfach zuzubereiten!

Lasst einen Schmalzblock bei Zimmertemperatur einige Stunden lang weich werden und schneidet ihn dann in kleine Stücke. Mischt ihn in einer Schüssel mit Vogelfutter, rohen Erdnüssen und Rosinen. Knetet die Mischung mit den Fingern, bis sie zusammenhält. Ihr könnt den Kuchen unterschiedlich formen, bevor ihr ihn zum Aushärten eine Stunde in den Kühlschrank stellt:

1. Formt daraus feste, runde Fettkugeln, die ihr in ein Futterhaus legen könnt.

2. Macht ein Loch in einen alten Joghurtbecher, fädelt eine Schnur durch das Loch und befestigt sie mit einem Knoten. Stopft die Masse in den Becher und hängt den Becher nach dem Aushärten an einen Ast.

3. Packt die Mischung in eine halbe Kokosnuss (oder in ausgehöhlte Orangenhälften). Lasst euch von einem Erwachsenen ein Loch in die Kokosnussschale bohren, um eine Schnur durchzufädeln, damit sie draußen aufgehängt werden kann.

GUT GEMACHT!

Ihr seid nun Beschützer des Planeten.

Aber das ist noch lange nicht das Ende. Durch das Buch habt ihr gelernt, wie ihr unserer unglaublichen Welt helfen und sie schützen könnt. Erzählt weiter, was ihr jetzt wisst, und holt Freunde, Nachbarn, Klassenkameraden und Familienmitglieder mit an Bord, damit sie unseren Planeten ebenfalls beschützen. Denn wenn wir jetzt zusammenarbeiten, können wir wirklich etwas bewirken und den Planeten für kommende Generationen bewahren.

Wenn euch das Buch inspiriert hat, möchtet ihr vielleicht auch etwas mehr darüber erfahren, wer hinter ClientEarth steckt und was sie tun? Hier erfahrt ihr etwas mehr darüber:

Eine Nachricht von ClientEarth

Gegenwärtig befindet sich unser Planet in Schwierigkeiten. Wir müssen jetzt handeln, um sicherzustellen, dass die Zukunft für die Kinder von heute und für künftige Generationen eine grüne Zukunft ist. Wir glauben, dass das Gesetz das wirksamste Instrument ist, das wir haben, um unseren Planeten zu schützen und einen umfassenden und dauerhaften Wandel herbeizuführen. Führende Umweltschützer sind sich einig – sie haben uns zur effektivsten und wirkungsvollsten Umweltorganisation Großbritanniens gewählt.

Mit dem Kauf dieses Buches habt ihr bereits unsere Arbeit zur Veränderung der Welt unterstützt. Aber es gibt noch so viel mehr, was wir tun müssen, und wir brauchen eure Hilfe. Findet heraus, wie ihr euch einbringen könnt.

W www.de.clientearth.org
@ClientEarth
f @ClientEarth

GLOSSAR FÜR BESCHÜTZER

Abholzung/Rodung
Das Fällen einer großen Anzahl von Bäumen für Brennstoff, Holz oder Land.

Artenvielfalt
Die Vielfalt der auf der Erde vorkommenden Lebewesen.

Atmosphäre
Die Ansammlung von Gasen, die die Erde umgeben.

Aussterben
Wenn eine Art von Lebewesen ausstirbt und es keine Exemplare mehr gibt.

biologisch abbaubar
Wenn eine Substanz zerfällt und auf natürliche Weise abgebaut wird.

erneuerbare Energien
Energie aus einer Quelle, die wiederhergestellt und gewartet werden kann. Wind- und Sonnenenergie sind beides Beispiele für erneuerbare Energien.

fossile Brennstoffe
Ein natürlicher Brennstoff, der sich in der Erde aus den Überresten alter Tiere und Pflanzen, wie Kohle und Öl, gebildet hat. Fossile Brennstoffe enthalten große Mengen an Kohlenstoff, der bei ihrer Verbrennung freigesetzt wird.

gefährdet
Wird verwendet, um eine Art von Lebewesen zu beschreiben, die vom Aussterben bedroht ist.

Generatoren
Geräte, die zur Erzeugung von Elektrizität betrieben werden.

geothermische Energie
Wärmeenergie, die dem Untergrund der Erdoberfläche entnommen wird.

globale Erwärmung
Die Erwärmung der Erdoberfläche aufgrund von Veränderungen der Gase, die die Erdatmosphäre bilden.

Kilowattstunde (kWh)
Ein Maß für die von vielen Elektrizitätsunternehmen verwendete Energie. Sie entspricht dem Energieaufwand von 1.000 Watt in einer Stunde.

Klima
Die Wetterbedingungen einer Region oder der gesamten Erde über einen langen Zeitraum.

Kohlenstoffdioxid
Farbloses Gas, das beim Ausatmen von Lebewesen und bei der Verbrennung fossiler Brennstoffe und anderer Substanzen entsteht. Es ist ein Hauptbestandteil der Treibhausgase.

Kompost
Pflanzliches Material, das auf natürliche Weise zerfallen ist und zur Bodendüngung verwendet werden kann.

Lebensraum
Die Umgebung, die eine bestimmte Art zum Überleben benötigt. Zu den Lebensräumen gehören Korallenriffe, Grasland, Seen und Wüsten. Manche Lebewesen leben in mehr als einem Lebensraum.

Mikroplastik
Extrem kleine Kunststoffstücke, von denen Millionen in Flüsse, Seen und Ozeane gelangen, wo sie für das Meeresleben schädlich sein können.

nachhaltig
Fähig, über einen langen Zeitraum mit wenig oder keinem Schaden für die Umwelt fortzubestehen.

Nassbaggern
Mithilfe eines Schwimmbaggers Materialien aus einem Fluss, See oder vom Meeresboden räumen.

Ökologie
Das Erforschen der Beziehungen zwischen verschiedenen Lebewesen und ihrer Umwelt.

Ökosystem
Eine Sammlung aller Lebewesen und ihrer nichtlebenden Umgebung in einem bestimmten Gebiet.

Ozon
Ein farbloses Gas, von dem eine Schicht in der Erdatmosphäre existiert und die Planetenoberfläche vor den schädlichen Strahlen der Sonne schützt.

Pestizide
Giftige Substanzen, die tierische oder insektenartige Schädlinge töten.

Pflanzensaft
Flüssigkeit, die in einem Baum oder einer anderen Pflanze herumfließt, um sie gesund zu erhalten.

Photosynthese
Der Prozess, bei dem eine Pflanze die Energie des Sonnenlichts nutzt, um Nahrung für sich selbst zu produzieren.

Pollen
Sehr feine Körner, die Pflanzen produzieren und zur Schaffung neuer Pflanzen einsetzen.

Recycling
Der Prozess der Umwandlung von alten Abfallstoffen wie Papier und Glas in etwas Neues.

Ressourcen
Natürliche Dinge, die auf der Erde vorkommen, wie Metalle, Bäume, Kohle oder Wasser, die in irgendeiner Weise genutzt werden können.

saurer Regen
Regen, Schnee und Nebel mit schädlichen Chemikalien, die bei der Verbrennung fossiler Brennstoffe entstehen.

Spezies
Eine Gruppe von Tieren oder Pflanzen, die ähnlich sind und sich paaren können, um Nachkommen zu zeugen.

Tonne
Ein Maß für das Gewicht, das 1.000 Kilogramm entspricht.

Treibhausgase
Gase in der Atmosphäre, wie Kohlenstoffdioxid, Methan, Wasserdampf und Stickstoffmonoxid, die die Wärme der Sonne einfangen und die Erde erwärmen.

Umweltverschmutzung
Abfallprodukte oder Wärme, die die Umwelt in irgendeiner Weise schädigen.

UN
Abkürzung für United Nations, auf Deutsch Vereinte Nationen – die internationale Organisation, die Menschen und Länder dazu ermutigt, friedlich und zum Wohle aller zusammenzuarbeiten.

Veganer
Eine Person, die nicht nur kein Fleisch oder Fisch isst (wie ein Vegetarier), sondern auch keine tierischen Produkte wie Milch, Käse, Honig und Eier isst oder verwendet.

Verbrennungsanlagen
Geräte, die zur Verbrennung fester Abfälle auf Mülldeponien verwendet werden.

Verdunstung
Die Umwandlung von Wasser von Flüssigkeit zu Gas.

verstärkter Treibhauseffekt
Die Anhäufung von Kohlendioxid, Methan und anderen Gasen in der Atmosphäre, die einen größeren Teil der Sonnenwärme einfängt und das Klima beeinflusst.

Wegwerfartikel
Etwas, das nach einmaliger Verwendung weggeworfen wird.

Wilderei
Das Fangen und Töten von wilden Lebewesen zu Gewinnzwecken.

VERZEICHNIS